Claudia Tischer (Hrsg.)

Mein schönstes
Weihnachtsbuch

Mit vielen farbigen Bildern von
Daniele Winterhager

SCHNEIDER
BUCH

Die Deutsche Bibliothek – CIP-Einheitsaufnahme

Mein schönstes Weihnachtsbuch / Claudia Tischer (Hrsg.). Mit
vielen farb. Bildern von Daniele Winterhager. – München : Egmont
Schneider, 1999
ISBN 3-505-11221-6

Dieses Buch wurde auf chlorfreies,
umweltfreundlich hergestelltes
Papier gedruckt.

Der Schneider Verlag im Internet:
http://www.schneiderbuch.de

© 1999 by Egmont Franz Schneider Verlag GmbH
Schleißheimer Straße 267, 80809 München
Alle Rechte vorbehalten
Erstmals erschienen 1993
Titelbild und Illustrationen: Daniele Winterhager
Umschlaggestaltung: ART-DESIGN Wolfrath, München
Satz: FIBO Lichtsatz GmbH, Unterhaching
Druck/Bindung: Druckerei Appl, Wemding
ISBN 3-505-11221-6

INHALT

GESCHICHTEN:

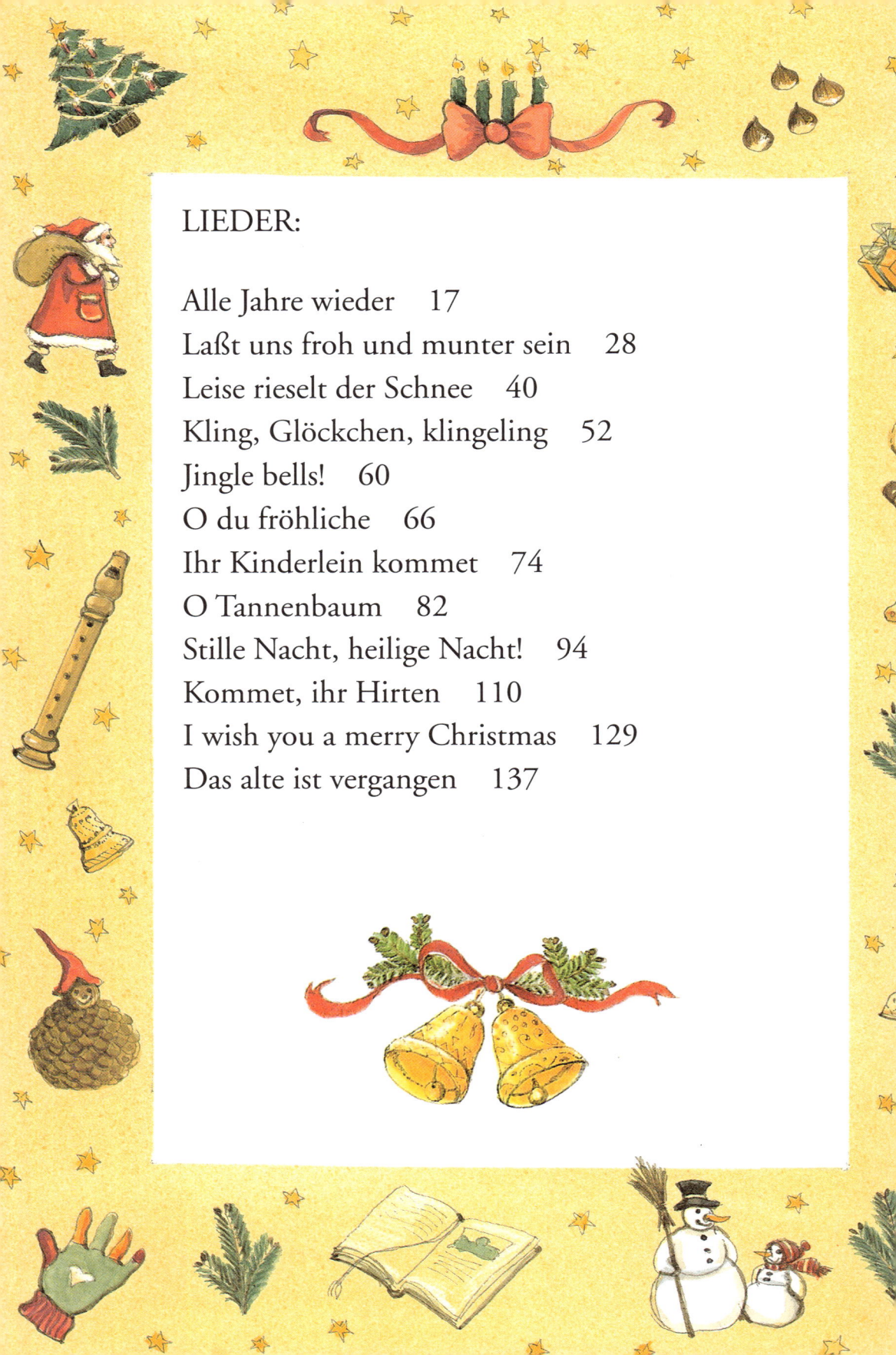

LIEDER:

GEDICHTE:

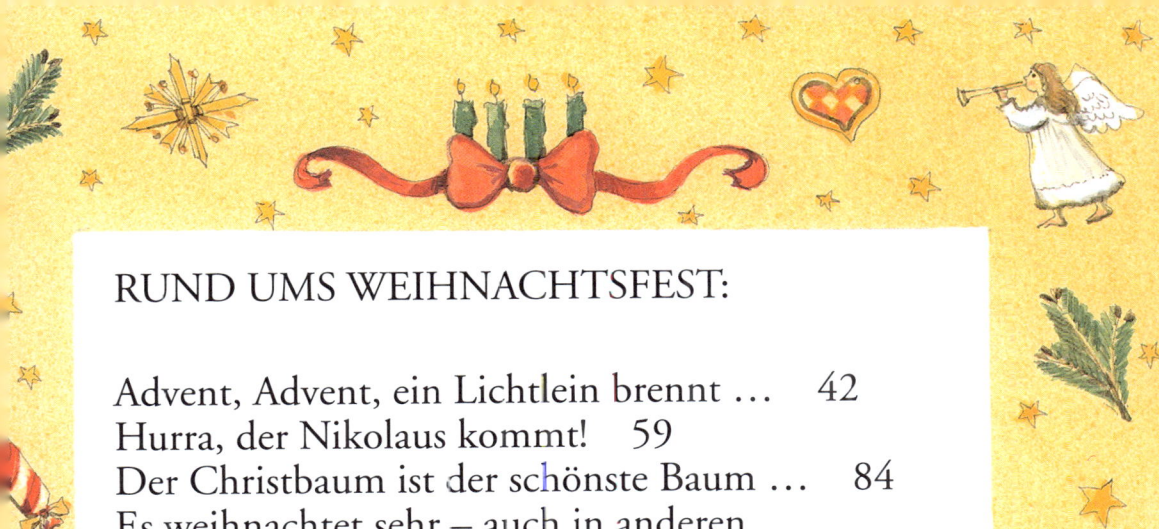

RUND UMS WEIHNACHTSFEST:

*

Bastelanweisungen und Rezepte:

ganz einfach

etwas schwieriger

verlangt etwas Geduld oder
Geschicklichkeit

Knecht Ruprecht

Von drauß' vom Walde komm ich her;
Ich muß euch sagen, es weihnachtet sehr!
Allüberall auf den Tannenspitzen
Sah ich goldene Lichtlein sitzen;
Und droben aus dem Himmelstor
Sah mit großen Augen das Christkind hervor,
Und wie ich so strolcht durch den finstern Tann,
Da rief's mich mit heller Stimme an.
„Knecht Ruprecht", rief es, „alter Gesell,
Hebe die Beine und spute dich schnell!
Die Kerzen fangen zu brennen an,
Das Himmelstor ist aufgetan,
Alt' und Junge sollen nun
Von der Jagd des Lebens einmal ruhn;
Und morgen flieg ich hinab zur Erden,
Denn es soll wieder Weihnachten werden!"
Ich sprach: „O lieber Herre Christ,
Meine Reise fast zu Ende ist;
Ich soll nur noch in diese Stadt,
wo's eitel gute Kinder hat."
– „Hast denn das Säcklein auch bei dir?"
Ich sprach: „Das Säcklein, das ist hier;
Denn Äpfel, Nuß und Mandelkern
Fressen fromme Kinder gern."

– „Hast denn die Rute auch bei dir?"
Ich sprach: „Die Rute, die ist hier;
Doch für die Kinder nur, die schlechten,
Die trifft sie auf den Teil, den rechten."
Christkindlein sprach: „So ist es recht;
So geh mit Gott, mein treuer Knecht!"
Von drauß' vom Walde komm ich her;
Ich muß euch sagen, es weihnachtet sehr!
Nun sprecht, wie ich's hierinnen find!
Sind's gute Kind, sind's böse Kind?

Theodor Storm

16

Alle Jahre wieder

1. Al - le Jah - re wie - der kommt das Chri-stus-kind

auf die Er -de nie - - der, wo wir Menschen sind.

2. Kehrt mit seinem Segen
ein in jedes Haus,
geht auf allen Wegen
mit uns ein und aus.

3. Steht auch mir zur Seite
still und unerkannt,
daß es treu mich leite
an der lieben Hand.

Text: Wilhelm Hey
Melodie: Friedrich Silcher

Der größte Schneemann der Welt

Dimiter Inkiow

Zwei Tage und Nächte lang hat es geschneit. Ununterbrochen. Als wir am dritten Tag aus dem Fenster schauten, war alles weiß. Im Garten konnte man keinen Busch mehr sehen. Und auf der Straße sah man statt geparkter Autos lauter Schneehügel.

Da schrie meine Schwester Klara: „Weißt du was? Ich habe heute eine tolle Idee!" Und ihre Augen leuchteten voller Tatendrang.

„Was für eine?" wollte ich wissen.

„Wir bauen heute den größten Schneemann der Welt. Aber zieh dich warm an!"

Wir zogen uns beide warm an und liefen die Treppe hinunter. Draußen lag so viel Schnee, daß ich dachte, damit könnte man gleich zwei größte Schneemänner der Welt bauen. Oder vielleicht auch drei. So viel Schnee hatten wir noch nie gehabt. Die Bäume bogen sich nach allen Seiten unter ihrer weißen Last.

Aber wo konnten wir unseren Schneemann bauen? Im Garten konnten wir es nicht. Dort konnten wir gar nicht hinein, weil der Schnee uns bis zum Hals reichte. Und sogar bis über die Ohren. Und vielleicht wären wir ganz darin versunken.

So standen wir plötzlich zwischen den Bergen von

Schnee und ärgerten uns, daß bei so viel Schnee nirgendwo ein freies Plätzchen war, wo wir den größten Schneemann der Welt bauen konnten. Denn bei so viel Schnee kann man nur den größten Schneemann der Welt bauen und keinen kleineren.

„Klara", sagte ich, „wenn es hinter dem Haus im Garten nicht geht, warum bauen wir den Schneemann nicht vor dem Haus? Der Hausmeister hat den Weg zum Haus so schön geräumt. Wir können in der Mitte des Weges einen Schneemann bauen, und alle, die vorbeikommen, werden ihn bewundern!"

„Stimmt!" nickte Klara. „Bauen wir den Schneemann auf dem Weg."

Wir machten uns sofort an die Arbeit. Vom Keller holten wir eine alte Schaufel und einen Eimer. Wir schaufelten und schleppten Schnee mitten in den geräumten Hausweg. Soviel wir nur konnten. Leider war es sehr kalt, und der Schnee war frisch und ganz leicht – er ließ sich schlecht formen. Der Schnee, den wir unserem Schneemann am Bauch ansetzen wollten, fiel immer wieder zu Boden. Was sollten wir tun?

„Wir brauchen Wasser", sagte meine Schwester Klara. „Sonst geht's gar nicht!"

„Warum geht es nicht?"

„Es ist Pulverschnee. Wir müssen ihn schwerer machen."

Jetzt schleppten wir Wasser aus dem Haus: einen

Eimer, zwei Eimer ... Mit dem Wasser ließ sich der Schnee formen, aber jetzt wurden unsere Handschuhe ganz naß. Brrr, brrr! Und weil es so kalt war, begannen wir zu frieren.

„Klaraaa", rief ich, „ich kann es nicht mehr aushalten. Mir ist so kalt!"

„Mir auch!"

„Ich glaube, ich gehe nach Hause."

„Ich auch!"

„Und was ist mit dem Schneemann?"

„Den bauen wir ein andermal."

Wir begannen, unsere Sachen einzusammeln. Als ich den Eimer – noch voll mit Wasser – mitnehmen wollte, rutschte ich aus. Plumps! Klara versuchte mir zu helfen – da rutschte sie auch aus. Plumps! Ein Mann, der im fünften Stock wohnte und zufällig vorbeikam, wollte uns helfen aufzustehen – da rutschte er auch aus. Plumps! Rums!

Der Boden um uns herum war zu einer Rutschbahn geworden, weil das Wasser gefroren war. Wir sind mehrmals ausgerutscht, bis es uns gelang aufzustehen.

Unser Hausmeister kam plötzlich aus seiner Wohnung angelaufen.

„Was ist hier los?" schimpfte er von weitem. Aber bevor wir ihm erklären konnten, was los war, lag er auf dem Boden neben uns, alle viere in der Luft. Plumps! Er war auch ausgerutscht.

20

Der Hausmeister blieb mit offenem Mund liegen.
Dann wurde er ganz rot im Gesicht. Er versuchte aufzustehen, rutschte aber immer wieder aus.
„Das gibt's ja gar nicht!" Bums!
„Wer hat hier Wasser ausgeschüttet?" Rums!
„Oh, wenn ich den erwische ..." Plumps!
Erst nachdem er zehn Minuten auf allen vieren her-
umgerutscht war, konnte er endlich aufstehen. Aber
in dieser Zeit hatten ich und meine Schwester Klara
schon längst unsere Wohnungstür erreicht.
So konnten wir den größten Schneemann der Welt
nicht bauen. Wir haben es auf ein andermal ver-
schoben.

21

Forschungsausflug in den Schnee

Wer glaubt, eine Schneeflocke sehe aus wie die andere, täuscht sich. In welcher Vielfalt die Natur den Schnee aus den Wolken zaubert, könnt ihr euch selbst ansehen.

Legt euch ein Stück schwarzes Papier oder ein schwarzes Tuch zurecht und eine Lupe. Wenn es schneit, nehmt alles mit nach draußen. Fangt die Schneeflocken auf dem Papier oder Tuch auf, und betrachtet sie durch die Lupe. Ihr werdet sehen, mit jeder Schneeflocke fällt ein kleines Kunstwerk vom Himmel.

Übrigens: Wenn ihr eure schwarze Unterlage vorher ins Gefrierfach oder nach draußen legt, schmelzen die Schneeflocken nicht so schnell, und ihr habt mehr Zeit, um sie zu betrachten.

Pfiffig und schnell gemacht: bunte Faltsterne fürs Fenster

Mit einer einfachen Methode könnt ihr aus einem Fenster ein buntes Weihnachtsfenster machen, das zum Blickfang wird. Papierfaltsterne, die mit buntem Transparentpapier hinterklebt werden, sind das Geheimnis. Ein Tip: Bastelt euren ersten Stern zur Probe aus Altpapier.

Das braucht ihr:
– schwarzes Tonpapier
– buntes Transparentpapier
– Schere und Klebstoff (Klebstift)
– Tesafilm zum Aufhängen

So wird's gemacht:
1. Ein viereckiges Stück Tonpapier mit vier gleich langen Seiten zum Dreieck falten.

2. Dieses Dreieck noch ein zweites Mal ...

 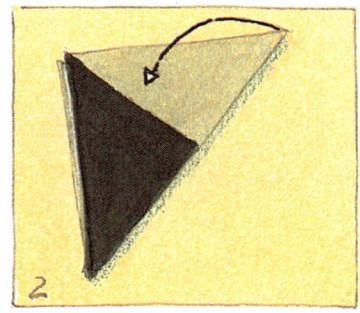

3. ... und ein drittes Mal zu einem noch kleineren Dreieck falten.

4. An der offenen Seite, wo das Papier nicht gefaltet wurde, wie abgebildet ein flaches Dreieck abschneiden.

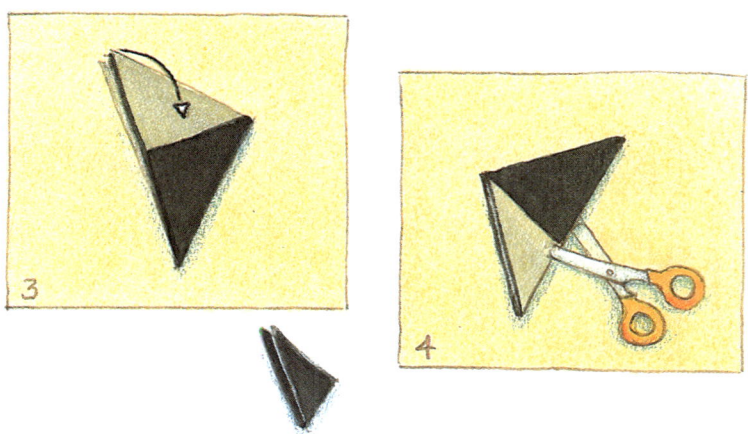

5. In die offene Seite einen Zacken schneiden. Jetzt hat das Papier die Form eines Sterns mit 8 Zacken.

6. An den gefalteten Seitenkanten des Dreiecks nach Belieben Quadrate, Dreiecke, Halbkreise, halbe Herzen, Wellenlinien usw. herausschneiden.

7. Den Stern öffnen. Hinter die ausgeschnittenen Verzierungen am besten mit Klebstift buntes Transparentpapier kleben.

8. Mit Tesafilm einen Klebekringel mit der Klebefläche nach außen bilden, und den Stern am Fenster befestigen.

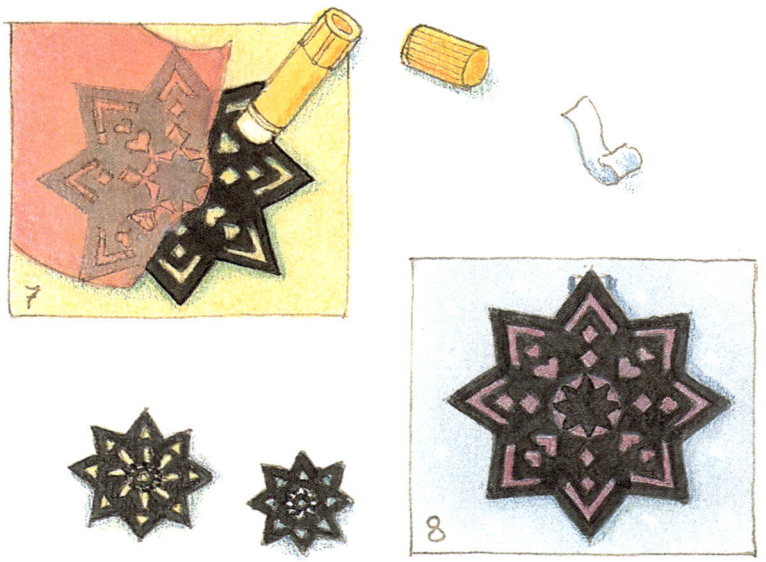

Am schönsten wird das Fenster, wenn ihr Sterne in verschiedenen Größen aufhängt.
Natürlich könnt ihr auch andere Sachen, wie zum Beispiel eine Kerze oder ein Haus, auf das Tonpapier zeichnen, das Bild ausschneiden und ebenfalls mit Transparentpapier hinterkleben. So ein bunter Fensterschmuck ist auch ein schönes Geschenk.

26

Barbarazweige

Am 4. Dezember ist's draußen kalt,
die Bäume sind kahl, wie tot – doch halt!
Hole dir schnell in den warmen Raum
einen Zweig vom Kirsch- oder Apfelbaum.

Du denkst: Was soll das, du meine Güte,
der kahle Zweig ohne Blatt und Blüte?
Hab Mut, stell den Zweig, er mag es naß,
in eine Vase mit Wasser, und laß
ihn im warmen Zimmer jetzt stehn,
dann wirst du nach vierzehn Tagen sehn,
wie dein Barbarazweig zum Leben erwacht,
zu blühen anfängt fast über Nacht,
und während draußen das Eis knackt und kracht,
dich jede der Blüten freundlich anlacht.
Und scheint draußen alles tot zu sein,
sagt der Zweig dir leise: „Das ist nur Schein."

„Die Natur ist nicht tot, sie schläft und freut
sich wie du auf die kommende Frühlingszeit.
Dann bringen Lebenswärme Sonne und Wind,
die jeder braucht, auch du, Menschenkind."

Alfons Schweiggert

Laßt uns froh und munter sein

2. Dann stell' ich den Teller auf,
Niklaus legt gewiß was drauf.
Lustig, lustig, tralalalala,
bald ist Niklausabend da!

3. Wenn ich schlaf', dann träume ich:
Jetzt bringt Niklaus was für mich.
Lustig, lustig, tralalalala,
heut ist Niklausabend da!

4. Wenn ich aufgestanden bin,
lauf' ich schnell zum Teller hin.
Lustig, lustig, tralalalala,
nun war Niklausabend da!

5. Niklaus ist ein guter Mann,
dem man nicht g'nug danken kann.
Lustig, lustig, tralalalala,
nun war Niklausabend da!

Text und Melodie aus dem Rheinland

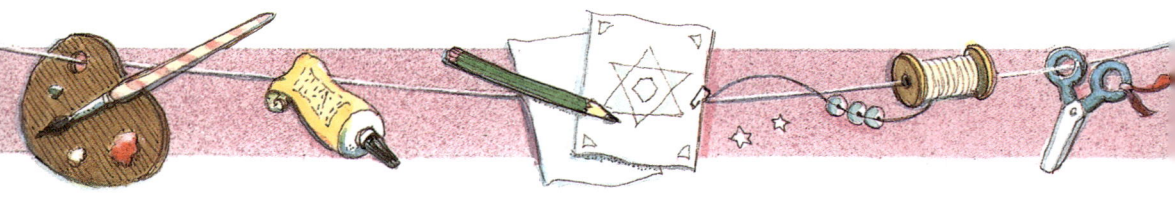

Geschenke im Geschenk:
lustiges Adventspuzzle

Mit einem Adventspuzzle aus Streichholzschachteln könnt ihr euch an kalten Wintertagen die Zeit vertreiben. Ihr könnt damit aber auch jemand anderem eine Freude machen – besonders wenn ihr die Streichholzschachteln mit kleinen Überraschungen füllt.

Das braucht ihr:
– 24 Streichholzschachteln
– ein Papier, auf dem die 24 Streichholzschachteln genau Platz haben
– Schere
– Malkasten und Pinsel
– Klebstoff
– 24 kleine Überraschungen (Bonbons,
  Perlen, kleine Bildchen, Münzen ...)

So wird's gemacht:
1. Malt ein schönes Bild auf das Papier, z. B. einen Nikolaus, einen geschmückten Tannenbaum, einen Engel usw.

2. Schneidet das Papier in 24 Teile, jedes so groß wie eine Streichholzschachtel, und klebt die Teile oben auf die Schachteln.

3. Legt eine kleine Überraschung in jede Schachtel.

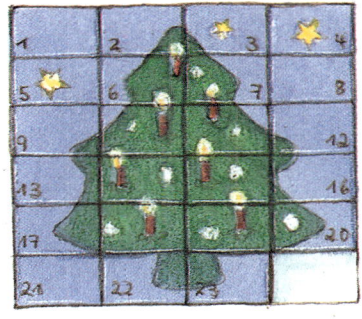 

Schon ist das Adventspuzzle fertig!

Das Büblein auf dem Eis

Gefroren hat es heuer
Noch gar kein festes Eis.
Das Büblein steht am Weiher
Und spricht so zu sich leis:
„Ich will es einmal wagen,
Das Eis, es muß doch tragen.
Wer weiß?"

Das Büblein stampft und hacket
Mit seinem Stiefelein.
Das Eis auf einmal knacket,
Und krach! schon bricht's hinein.
Das Büblein platscht und krabbelt
Als wie ein Krebs und zappelt
Mit Schrei'n.

„O helft, ich muß versinken
In lauter Eis und Schnee!
O helft, ich muß ertrinken
Im tiefen, tiefen See!"
Wär nicht ein Mann gekommen,
Der sich ein Herz genommen –
O weh!

Der packt es bei dem Schopfe
Und zieht es dann heraus,
Vom Fuße bis zum Kopfe
Wie eine Wassermaus.
Das Büblein hat getropfet.
Der Vater hat's geklopfet
Zu Haus.

Friedrich Wilhelm Güll

Der Hase Robert
auf dem Weihnachtsmarkt

Claudia Tischer

Der Hase Robert war so groß wie ein Mensch, aber er hatte die langen Ohren – und das große Herz – eines Hasen.

Es war der zweite Advent, und er war auf dem Weg in die Stadt. Er hatte gehört, daß die vielen Weihnachtsbuden auf dem Marktplatz auch am Sonntag geöffnet waren, und er wollte dort etwas über die Weihnachtszeit erfahren. Bisher nämlich kannte er nur das Osterfest.

Auf dem Weihnachtsmarkt angekommen, wunderte er sich. „Sti-hille Nacht ..." hatte es in den letzten Tagen im Radio geheißen und „Leise rieselt der Schnee ..." und „... still, weil's Kindlein schlafen will ...", doch auf dem Platz war es gar nicht still. Hier beschwerte sich eine Budenfrau laut über das schlechte Geschäft, dort beklagte sich ein Wurstbrater über die vielen ungeduldigen Kunden. Nein, still war es wirklich nicht. Und es rieselte auch kein Schnee. Aber seit zehn Minuten regnete es.

Der Hase Robert merkte, wie ihm das Regenwasser den Nacken hinunterlief. Er hatte nämlich in die Kapuze seines Anoraks zwei runde Löcher geschnitten, um Platz für seine Ohren zu bekommen.

34

Weihnachten, das nennt man das Fest der Liebe, ging ihm durch den Kopf ... – „Sechs Mark dreißig", schallte es aus der Bude mit den heiligen Englein fordernd.

„So viel habe ich nicht", kam kläglich eine Antwort. Ein kleiner Junge stand vor der Bude. „Ich habe nur noch sechs Mark Taschengeld."

„Dann sieh zu, daß du wegkommst!" dröhnte die Stimme des Budenbesitzers. „Wir haben nichts zu verschenken!"

Wieder wunderte sich der Hase Robert ein wenig. „Die schönsten Geschenke zum Weihnachtsfest" stand groß über der Bude zu lesen. Ich glaube, über die Menschen muß ich noch viel lernen, dachte er sich und ging weiter.

Inzwischen hatte der Regen aufgehört. Vom Rathausbalkon erscholl der städtische Knabenchor: „Fröhhö-liche Weihnacht überall ..."

„Das kenne ich ja!" rief der Hase Robert gerührt und stimmte in den Gesang ein. Doch von rechts rempelte ihn eine alte Frau an: „Psst! Seien Sie doch ruhig! Man hört ja das schöne Lied gar nicht!"

Wieder stutzte der Hase Robert. Sind denn Lieder bei den Menschen nicht zum Singen da? Eine Antwort bekam er nicht, doch eine heisere Stimme riß ihn aus seinen Gedanken: „Bitte eine Mark, nur eine Mark, mein Herr! Ich habe Hunger!"

„Oje, oje", stammelte der Hase Robert, „es tut mir ja

sehr leid, aber ich habe kein Geld dabei.“

„Ach, die alte Leier“, brummte der Bettler und machte sich schlecht gelaunt davon.

„Der arme Mann“, murmelte der Hase Robert, doch dann hatte er eine glänzende Idee. Er nahm Zettel und Stift aus seiner Jacke, schrieb etwas auf und lief dem Bettler hinterher. Auf dem Zettel stand:
„1 G U T S C H E I N für einen großen, grünen Chinakohl. Abzuholen hier in einer Stunde. Fröhliche Weihnachten.“

Chinakohl nämlich war die Leibspeise des Hasen Robert. Er hatte zu Hause immer einen in Reserve. Doch als der Bettler den Zettel gelesen hatte, dröhnte er: „Du willst mich wohl verKOHLen! So eine Frechheit, sich über einen armen Mann lustig zu machen!“ Und bevor der Hase Robert etwas sagen konnte, schlurfte er kopfschüttelnd weiter.

Jetzt war der Hase Robert so traurig, daß er sich auf einen Treppenabsatz setzte und seine Ohren matt nach unten hängen ließ.

Da setzte sich jemand neben ihn. Es war der kleine Junge, den man von der Geschenkebude vertrieben hatte. „Bist du traurig?“ fragte er den Hasen Robert. Und als dieser nickte, meinte er: „Mach dir nichts draus. Die Erwachsenen verstehen einen oft nicht. Übrigens, ich heiße Florian. Und wenn du willst, schauen wir uns hier zusammen ein bißchen um.“ Da war der Hase Robert überhaupt nicht mehr

36

traurig. Seine Ohren richteten sich augenblicklich
wieder auf. Zusammen mit Florian streifte er durch
den Markt, vorbei an duftenden Lebkuchen- und
Glühweinbuden, an Räuchermännchen und an
Reihen voller Rauschgoldengel. Aber zum ersten
Mal an diesem Tag genoß er den Duft und die Klänge
und die bunten Farben überall.

Als Florian nach Hause gehen mußte, verabredeten
sie sich für den nächsten Nachmittag. Auf dem
Heimweg wunderte sich der Hase Robert wieder
einmal – aber diesmal nicht über die Menschen,
sondern über sich selbst. Warum war er plötzlich so
guter Laune? Aber dann wußte er es: Jetzt hatte er
einen Freund. Und mit dem machte Weihnachten
Spaß.

38

Christmarkt

's ist Christmarkt heut, 's ist Christmarkt heut,
Kauft ein, ihr Leut, kauft ein, ihr Leut,
Eh' die Ware aus;
Zwetschgen-Schornsteinfeger
Bringen Glück ins Haus!
Diese kleinen Wesen,
Glaubt uns nur aufs Wort,
Kehren mit dem Besen
Alle Sorgen fort!
's gibt die Wundermännchen nur noch heut,
Drum kauft, ihr Leut, drum kauft, ihr Leut!

Volksgut

Äpfel, Nüss' und Mandelkern
essen alle Kinder gern.

Volksgut

Leise rieselt der Schnee

2. In den Herzen ist's warm,
still schweigt Kummer und Harm.
Sorge des Lebens verhallt,
freue dich, Christkind kommt bald!

3. Bald ist heilige Nacht,
Chor der Engel erwacht,
hört nur, wie lieblich es schallt:
Freue dich, Christkind kommt bald!

Text und Melodie volkstümlich

Advent, Advent, ein Lichtlein brennt ...

Wenn am Adventskranz die erste Kerze angezündet wird, packt die Kinder schon die Vorfreude. Sie wissen genau: Es dauert nicht mehr ganz vier Wochen, dann ist Weihnachten.

Ab jetzt wird an jedem Sonntag vor Weihnachten eine neue Kerze angesteckt. So kennen wir es alle. Das war aber nicht immer so. Den Adventskranz, wie wir ihn heute kennen, gibt es noch gar nicht so lange. Erst um das Jahr 1860 soll der Theologe Johann Hinrich Wichern in einem Heim für vernachlässigte Jugendliche den ersten Adventskranz aufgehängt haben. Das Besondere daran: Es war ein mit Tannengrün geschmückter Adventskronleuchter, der viel mehr Kerzen hatte als unser heutiger Adventskranz. Es wurde nämlich nicht nur jede Woche, sondern jeden Tag eine neue Kerze angezündet – genauso, wie ihr heute bei eurem Adventskalender jeden Tag ein neues Türchen öffnet.

Advent, Advent,
ein Lichtlein brennt,
erst eins, dann zwei,
dann drei, dann vier,
dann steht das Christkind
vor der Tür.

Volksgut

Ein Apfel als Kerzenständer

Erst mit Kerzen wird es während der Weihnachtszeit im Zimmer so richtig kuschelig. Dazu könnt ihr euch im Handumdrehen einen Kerzenständer basteln.

Das braucht ihr:
- einen roten Apfel
- eine Kerze
- etwas Tannengrün
- ein Küchenmesser

So wird's gemacht:
1. Den Apfel auf den Tisch legen. Am Stielende mit dem Messer in der Mitte ein wenig aushöhlen, so daß die Kerze hineinpaßt.

2. Die Kerze gerade hineinstellen.

44

3. Um die Kerze herum kleine Tannenzweige stecken. So steht sie fest und sieht besonders hübsch aus. (Aufpassen, daß die Zweige nicht zu nah an die Flamme reichen.)

Rätsel

Welche Blumen blühen nur im Winter?

Ein Teddy reist nach Indien

Mira Lobe

Dem kleinen Hans-Peter war etwas Merkwürdiges passiert: Er hatte zum Geburtstag zwei ganz gleiche Teddybären geschenkt bekommen, einen von seiner Großmutter und einen vom Onkel Fritz.

„Du kannst ja einen Bären umtauschen", meinte Hans-Peters Mutter, „zum Beispiel gegen ein kleines Auto!"

„Ach nein", gab Hans-Peter zur Antwort, „einen Teddy will ich verschenken, an einen Jungen, der so alt ist wie ich, an irgendeinen Jungen."

„Und wie heißt der Junge, wo wohnt er denn?"

„Wie er heißt, weiß ich nicht. Und er wohnt ... er wohnt ..." Hans-Peter schaute erst seine Mutter an, dann den Vater, und dann drehte er sich zur Wand, wo die große, sehr große Landkarte hing, so groß, daß die ganze Welt darauf zu sehen war. Er tippte mit dem Zeigefinger irgendwohin, wo die Karte nicht blau war, denn das Blaue war Wasser, das wußte Hans-Peter, und sagte: „Dort wohnt er!"

„Das ist ja mitten in Indien", meinte der Vater. „Wie soll denn der Teddybär nach Indien kommen?"

Hans-Peter dachte nach. Und weil er in Hamburg wohnte und Hamburg eine Stadt ist, die am Meer liegt und einen großen Hafen hat mit vielen

46

Schiffen, fiel ihm etwas ein. „Gibt es nicht Schiffe, die nach Indien fahren?" fragte er.

„Die gibt es", sagte der Vater.

„Dann bitten wir eben einen Kapitän, der nach Indien fährt, er möchte unseren Teddybären mitnehmen."

„Das machen wir", erklärte der Vater. „Zieh dich und den Teddy an, denn bis Indien hat er eine weite Reise."

Hans-Peter ging mit seinem Vater zum Hafen. „Liegt hier ein Schiff vor Anker, das bald nach Indien fährt?" fragten sie.

Ein Matrose wies auf ein Schiff, und so kletterten sie den Laufsteg hoch.

„Guten Tag, Kapitän", sagte Hans-Peters Vater. „Mein Sohn möchte einem kleinen Jungen in Indien seinen Teddybären schicken. Könnten Sie ihn mitnehmen?"

„Den Teddy oder den Jungen?" fragte der Kapitän.

„Den Teddy", gab Hans-Peters Vater lächelnd zurück, „den Jungen möchten wir gern hierbehalten."

Der indische Kapitän erklärte, er wolle den Teddy gern mitnehmen. Und dann erzählte er, daß er zu Hause in Indien selbst einen kleinen Jungen habe, und ob der den Bären bekommen könnte.

Hans-Peter überlegte. Dann fragte er: „Ist das dein Schiff?"

„Ja, das ist mein Schiff."

„Dann bist du reich", sagte Hans-Peter, „dann kannst du deinem Jungen selbst einen Teddy kaufen. Mein Junge ist nicht reich, der hat keinen Teddy und kriegt auch keinen, wenn ich ihm nicht einen schicke."

„Gut", sagte der Kapitän, „es gibt genug arme Jungen in Indien." Er ließ sich Hans-Peters Namen und Adresse sagen, und dann gingen Hans-Peter und sein Vater nach Hause.

Sie dachten natürlich, der Junge in Indien würde

einen Brief schreiben, daß der Teddy gut ange-
kommen sei. Aber es kam kein Brief. Auch keine
Karte. Nichts, gar nichts. Es verging viel Zeit, und
Hans-Peter dachte schließlich nicht mehr an seinen
kleinen Bären und den Jungen in Indien.
Dann wurde es Weihnachten! Eine Stunde vor dem
Heiligen Abend klingelte es. Draußen stand der indi-
sche Kapitän und brachte ein kleines Paket für Hans-
Peter. Dazu überbrachte er einen Brief; den mußte er
übersetzen, denn er war indisch geschrieben.

„Lieber Hans-Peter!
Ich habe Dein Geschenk bekommen und danke Dir
sehr dafür. Ich schicke Dir ein Tongefäß mit Reis.
Laß ihn Dir gut schmecken. Das Gefäß hat mein
Vater gearbeitet. Er ist ein Töpfer. Außerdem schicke
ich Dir noch eine Kette aus bunten Federn. Diese
Kette habe ich selbst gemacht. Bei uns gibt es viele
Vögel mit solchen Federn. Es grüßt Dich

Dein Freund Sadlus"

Hans-Peter wurde ganz rot vor Freude. Er bekam
viele schöne Geschenke an diesem Weihnachtsabend, aber die schönsten waren für ihn das Tontöpf-
chen mit Reis und die Vogelfederkette. Er trug die
Kette den ganzen Abend und war sehr glücklich, daß
er einen Freund in Indien hatte.

König Nußknacker

„König Nußknacker, so heiß ich.
Harte Nüsse, die zerbeiß ich.
Süße Kerne schluck ich fleißig;
Doch die Schalen, ei! die schmeiß ich
Lieber andern hin,
Weil ich König bin.

Aber seid nicht bang!
Zwar mein Bart ist lang,
Und mein Kopf ist dick
Und gar wild mein Blick;
Doch was tut denn das?
Tu kein'm Menschen was;
Bin im Herzensgrund,
Trotz dem großen Mund,
Ganz ein guter Jung',
Lieb' Veränderung;
Amüsier mich gern
Wie die großen Herrn;
Arbeit wird mir schwer,
Und dann mag ich sehr
Frommen Kindersinn,
Weil ich König bin."

Heinrich Hoffmann

Kling, Glöckchen, klingeling

1. Kling, Glöck-chen, klin-ge-lin-ge-ling, kling,
Glöck-chen kling! Laßt mich ein, ihr Kin - der,
ist so kalt der Win-ter, öff-net mir die Tü - ren,
laßt mich nicht er - frie - ren. Kling, Glöck - chen,

klin-ge-lin-ge-ling, kling, Glöck-chen, kling!

2. Kling, Glöckchen ...
Mädchen hört und Bübchen,
macht mir auf das Stübchen,
bring euch viele Gaben,
sollt euch dran erlaben.
Kling, Glöckchen ...

3. Kling, Glöckchen ...
Hell erglühn die Kerzen,
öffnet mir die Herzen!
Will drin wohnen fröhlich,
frommes Kind, wie selig.
Kling, Glöckchen ...

Text: Karl Enslin
Melodie: volkstümlich

Weihnachtsschmuck aus der Natur: Strohsterne, selbst gemacht

Strohsterne als Weihnachtsschmuck gibt es schon lange. Mit einfachen Mitteln und etwas Geduld könnt ihr sie selber machen und euren Christbaum damit schmücken. Und wenn ihr sie gut verpackt, dann halten sie nicht nur bis zum nächsten Weihnachtsfest, sondern ihr könnt sie auch in zwanzig Jahren noch aus der Weihnachtskiste holen.

Das braucht ihr:
– Strohhalme
– bunten Faden oder Goldfaden
– Klebstoff
– Bügeleisen
– Schere, scharfes Messer
– Zeitungspapier
– evtl. Stecknadel und Korken

So wird's gemacht:
1. Strohhalme etwa 1/2 Stunde in warmes Wasser legen, bis sie weich sind und nicht mehr brechen. Die Halme mit scharfem Messer (vom Körper weg) der Länge nach durchschneiden.

2. Die feuchten Halme auf Zeitungspapier legen und bei schwacher bis mittlerer Hitze vorsichtig glattbügeln, denn sie sollen nicht braun werden.

54

3. Die Halme je nach gewünschter Länge zurecht-
schneiden – zum Beispiel auf 8 cm lange Stücke. Für
einen Stern werden 4 solche kurze Halme gebraucht.

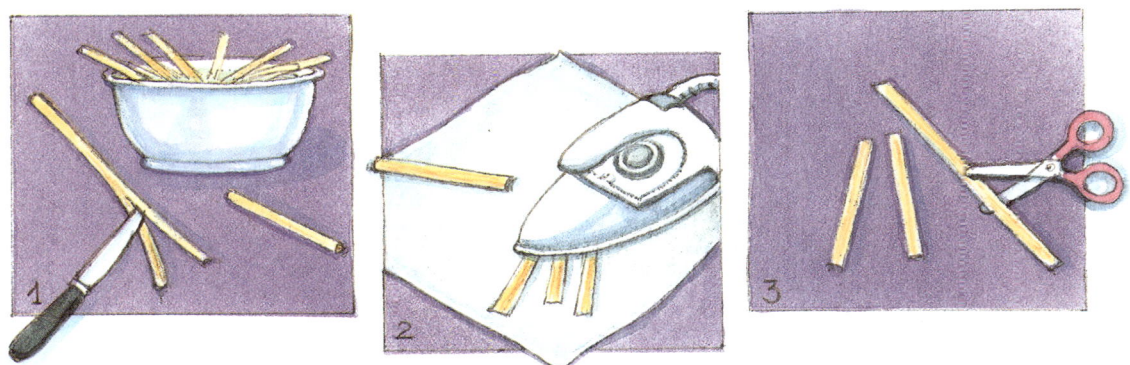

4. Mit zwei Halmen ein Kreuz bilden, dann nacheinander
die anderen beiden Halme kreuzweise darüberlegen.

5. Damit Halme nicht verrutschen, jeweils ein bißchen
Klebstoff auf den Kreuzungspunkt geben und Halme in
der Mitte mit Daumen und Zeigefinger festpressen.
Andere Möglichkeit: Eine Stecknadel durch die Mitte stechen und auf der anderen Seite auf einen Korken spießen.

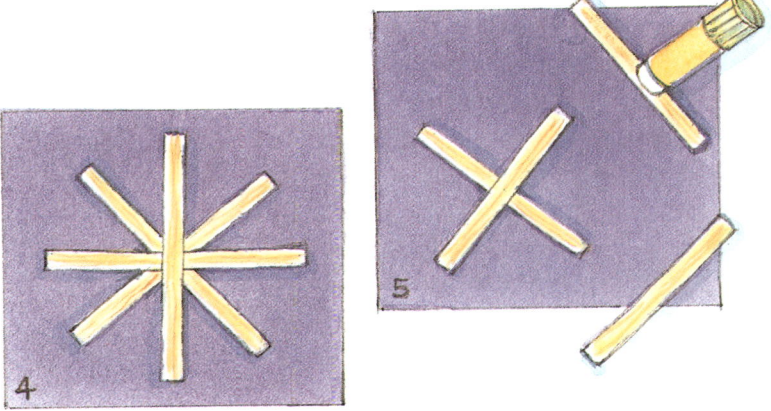

6. Den Stern mit der linken Hand in der Mitte festhalten und mit der rechten Hand mit einem Faden umflechten (langes Ende lassen zum Aufhängen). Dazu den Faden *über* den einen Halm und *unter* den nächsten führen usw.

7. Beim Fadenanfang angekommen, auf der Rückseite des Sterns einen Knoten binden. Die Halme zwei- bis dreimal umflechten und nach jeder Runde den Faden verknoten, so daß der Stern gut hält. Die Fadenenden zum Auf-hängen in der gewünschten Länge verknoten.

8. Wer möchte, kann jeden zweiten Halm schräg oder gerade anschneiden oder vorsichtig Zacken in die Halm-enden schneiden.

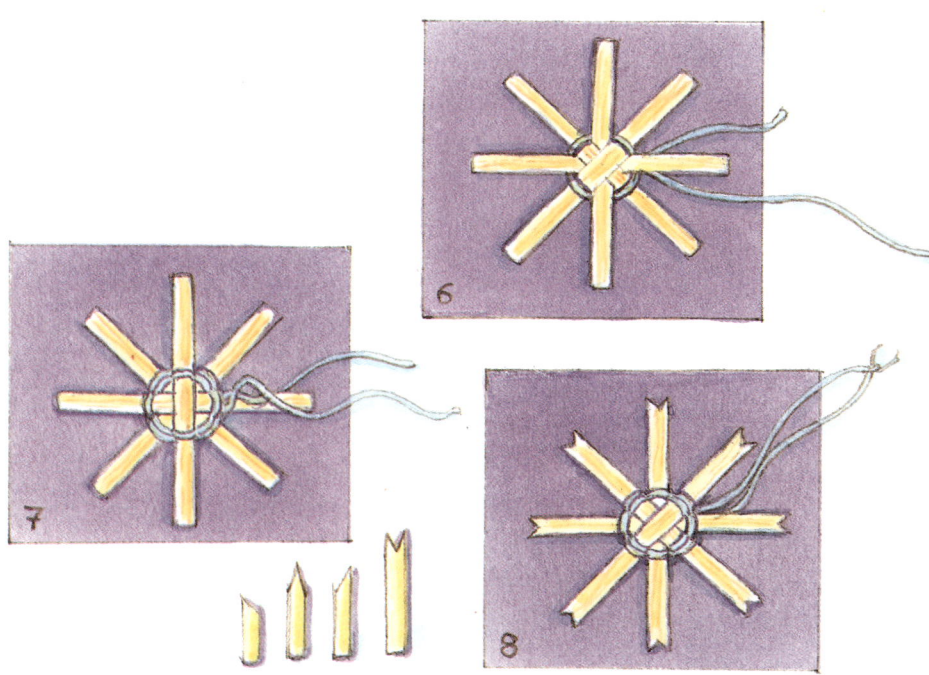

56

Spiel für Leckermäuler:
Schokoladenschlacht

Mitmachen sollten mindestens 4 Spieler oder Spielerinnen.

Ihr braucht:
einen Spielwürfel, mehrere Tafeln Schokolade, einen Teller, ein Messer und für jede Person eine Gabel. Außerdem eine Mütze, einen Schal und ein Paar Handschuhe.

Auf einem Extratischchen wird eine noch verpackte Tafel Schokolade auf einem Teller bereitgelegt. Gabeln, Messer und die Kleidungsstücke liegen dabei.
Die Spieler sitzen am Tisch. Reihum wird nacheinander gewürfelt. Wer eine Sechs würfelt, darf aufspringen und zur Schokolade sausen. Zuerst zieht er Handschuhe, Mütze und Schal an. Dann nimmt er Messer und Gabel in die Hand, um damit die Schokolade auszupacken und zu essen.
In der Zwischenzeit würfeln die anderen weiter. Wer als nächster eine Sechs wirft, darf zur Schokolade laufen. Der andere muß sich schnell ausziehen und kehrt zum Würfeln zurück an den Tisch. Wenn die nächste Sechs fällt, wird wieder gewechselt.

Krampus, Pampus, Schwarzgesicht

Krampus, Pampus, Schwarzgesicht,
mich erschreckst du diesmal nicht,
denn ich war, will ich dir sagen,
nur an hundertsechzehn Tagen
mal ein bißchen ungezogen.
Krampus, das ist nicht gelogen!
Nächstes Jahr wird's besser sein,
also steck die Rute ein!

Erika Ulrici

Hurra, der Nikolaus kommt!

Am 6. Dezember ist Nikolaustag. Erwartungsvoll hängen die Kinder am Vorabend ihre Strümpfe auf oder stellen ihre Schuhe vor die Tür, damit sie der Nikolaus in der Nacht mit feinen Leckerbissen füllen kann. Und tatsächlich, am nächsten Morgen hat der Strumpf plötzlich eine dicke Form, und vielleicht lugt etwas Rotes oder Grünes aus dem Schuh.
Ab und zu passiert es auch, daß der Nikolaus persönlich an die Tür klopft. Dann wird es vielen etwas mulmig, denn wer war schon immer brav? Der Nikolaus könnte schließlich eine Rute dabeihaben, und manchmal erzählt man sich sogar von einem grimmigen Gefährten namens Knecht Ruprecht.
Aber wer dem Nikolaus schon einmal begegnet ist, weiß, daß sich kein Kind vor ihm zu fürchten braucht, denn er ist der Freund aller Kinder.
Man sagt, der Nikolaus war der Bischof von Myra in der heutigen Türkei. Dieser Bischof lebte schon im vierten Jahrhundert, also vor 1600 Jahren. Er war berühmt für seine guten Taten und sein großes Herz für Kinder. Legenden berichten sogar von Wundern, die er vollbracht haben soll.

Refr.: Jin-gle bells! Jin-gle bells! Jin-gle all the way!

Oh, what fun it is to ride a one-horse o-pen

sleigh. one-horse o-pen sleigh.

Übersetzung:

Wir sausen im einspännigen offenen Schlitten durch den Schnee.

Es geht über die Felder, und wir lachen den ganzen Weg.

Am Schlitten klingen die Glocken und machen uns froh- gemut.

Welch ein Spaß, heute abend Schlitten zu fahren und ein Schlittenlied zu singen.

Glockenklang, Glockenklang! So klingt es auf dem Weg!

O welch ein Spaß, in einem einspännigen offenen Schlitten zu fahren. O Glockenklang, Glockenklang ...

Die Geschichte vom beschenkten Nikolaus

Alfons Schweiggert

Einmal kam der heilige Nikolaus am 6. Dezember zum kleinen Klaus. Er fragte ihn: „Bist du im letzten Jahr auch brav gewesen?"

Klaus antwortete: „Ja, fast immer."

Der Nikolaus fragte: „Kannst du mir auch ein schönes Gedicht aufsagen?"

„Ja", sagte Klaus.

> „Lieber, guter Nikolaus,
> du bist jetzt bei mir zu Haus,
> bitte leer die Taschen aus,
> dann laß ich dich wieder raus."

Der Nikolaus sagte: „Das hast du schön gemacht." Er schenkte Klaus Äpfel, Nüsse, Mandarinen und Plätzchen.

„Danke", sagte Klaus.

„Auf Wiedersehen", sagte der Nikolaus. Er drehte sich um und wollte gehen.

„Halt", rief Klaus.

Der Nikolaus sah sich erstaunt um: „Was ist?" fragte er.

Da sagte Klaus: „Und was ist mit dir? Warst du im letzten Jahr auch brav?"

„So ziemlich", antwortete der Nikolaus.

62

Da fragte Klaus: „Kannst du mir auch ein schönes Gedicht aufsagen?"

„Ja", sagte der Nikolaus.

> „Liebes, gutes, braves Kind,
> draußen geht ein kalter Wind,
> koch mir einen Tee geschwind,
> daß ich gut nach Hause find'."

„Wird gemacht", sagte Klaus.

Er kochte dem Nikolaus einen heißen Tee. Der Nikolaus schlürfte ihn und aß dazu Plätzchen. Da wurde ihm schön warm. Als er fertig war, stand er auf und ging zur Türe. „Danke für den Tee", sagte er freundlich.

„Bitte, gern geschehen", sagte Klaus. „Und komm auch nächstes Jahr vorbei, dann beschenken wir uns wieder."

„Natürlich, kleiner Nikolaus", sagte der große Nikolaus und ging hinaus in die kalte Nacht.

Bratäpfel: Wer da in die Brat-Röhre schaut, wird sich freuen.

Bratäpfel sind eine Spezialität, die allen das Wasser im Mund zusammenlaufen läßt. Mit ein wenig Hilfe von euren Eltern könnt ihr sie selber machen.

Das braucht ihr:
- säuerliche Äpfel
- Marmelade
- süße Sahne
- gefettetes Backblech

So wird's gemacht:

1. Den Ofen auf mittlere Hitze (200 °C) vorheizen. Die Äpfel waschen und abtrocknen. Nicht schälen. Aus der Mitte das Kerngehäuse herausschneiden.

2. Die Äpfel auf ein mit Butter eingefettetes Backblech legen. Marmelade in die Äpfel füllen.

3. Blech in den Backofen schieben und Äpfel 20–40 Minuten backen, bis sie weich sind. Dazu schmeckt eine Portion süße Sahne besonders gut.

Der Bratapfel

Kinder, kommt und ratet,
was im Ofen bratet!
Hört, wie's knallt und zischt.
Bald wird er aufgetischt,
der Zipfel, der Zapfel,
der Kipfel, der Kapfel,
der gelbrote Apfel.

Kinder, lauft schneller,
holt einen Teller,
holt eine Gabel!
Sperrt auf den Schnabel
für den Zipfel, den Zapfel,
den Kipfel, den Kapfel,
den goldbraunen Apfel.

Sie pusten und prusten,
sie gucken und schlucken,
sie schnalzen und schmecken,
sie lecken und schlecken
den Zipfel, den Zapfel,
den Kipfel, den Kapfel,
den knusprigen Apfel.

Volksgut

O du fröhliche

freu - e, —— freu - e dich, o Chri - sten - heit!

2. O du fröhliche, o du selige,
gnadenbringende Weihnachtszeit!
Christ ist erschienen, uns zu versühnen;
freue, freue dich, o Christenheit.

3. O du fröhliche, o du selige,
gnadenbringende Weihnachtszeit!
Himmlische Heere jauchzen dir Ehre.
Freue, freue dich, o Christenheit!

Text und Melodie: J. D. Falk, nach einem sizilianischen Volkslied

Ein Lied,
hinterm Ofen zu singen

Der Winter ist ein rechter Mann,
Kernfest und auf die Dauer;
Sein Fleisch fühlt sich wie Eisen an
Und scheut nicht Süß noch Sauer.

War je ein Mann gesund, ist er's;
Er krankt und kränkelt nimmer,
Weiß nichts von Nachtschweiß noch *Vapeurs**,
Und schläft im kalten Zimmer.

Er zieht sein Hemd im Freien an
Und läßt's vorher nicht wärmen;
Und spottet über Fluß im Zahn
Und Kolik in Gedärmen.

Aus Blumen und aus Vogelsang
Weiß er sich nichts zu machen,
Haßt warmen Drang und warmen Klang
Und alle warmen Sachen.

Doch wenn die Füchse bellen sehr,
Wenn's Holz im Ofen knittert,
Und um den Ofen Knecht und Herr
Die Hände reibt und zittert;

* Blähungen

Wenn Stein und Bein vor Frost zerbricht
Und Teich' und Seen krachen;
Das klingt ihm gut, das haßt er nicht,
Dann will er sich totlachen. –

Sein Schloß von Eis liegt ganz hinaus
Beim Nordpol an dem Strande;
Doch hat er auch ein Sommerhaus
Im lieben Schweizerlande.

Da ist er denn bald dort bald hier,
Gut Regiment zu führen.
Und wenn er durchzieht, stehen wir
Und sehn ihn an und frieren.

Matthias Claudius

Christbaumschmuck aus dem Backofen: Figuren aus Salzteig

Salz ist nicht nur ein begehrtes Gewürz. Wenn ihr es, wie im Rezept angegeben, mit Mehl und Wasser vermischt, könnt ihr aus dem entstandenen Teig phantasievolle Christbaumanhänger fertigen oder bunte Figuren für die Wand, die sich gut verschenken lassen.

Das braucht ihr:
- 2 Tassen Mehl
- 1 Tasse Salz
- 1 Tasse Wasser
- Ausstechförmchen
- Backpapier
- 1 Stricknadel
- Plaka- oder Fingerfarben
- Pinsel
- evtl. Klarlack

So wird's gemacht:
1. Mehl, Salz und Wasser in einer Schüssel zu einem Teig kneten. Der Teig muß sich gut formen lassen.

2. Den Teig 3-5 mm dick ausrollen. Mit den Ausstechförmchen Sterne, Engel, Monde, Glocken, Herzen,

Tannenbäume usw. aus dem Teig stechen oder mit einem
Teigroller eigene Figuren ausschneiden.

3. Mit einer Stricknadel bei jeder Figur oben am Rand ein
Loch bohren. Nicht vergessen, denn das Loch braucht ihr
zum Aufhängen.

4. Ein Backblech mit Backpapier auslegen und die Figuren
auf dem Blech verteilen. Bei 100 °C 2 bis 3 Stunden im
Ofen backen, bis sie ganz trocken sind.

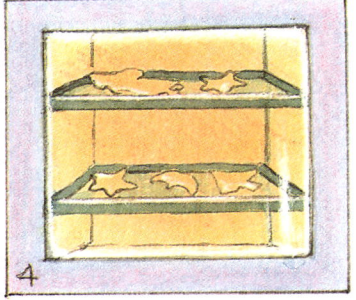

5. Nach dem Abkühlen die Figuren mit Plaka- oder Fingerfarben bunt bemalen. Figuren mit Wollfaden oder Geschenkband aufhängen.

Damit die Salzteiganhänger länger halten, könnt ihr sie nach dem Trocknen der Farben mit Klarlack überziehen.

Seltsamer Wunschzettel ans Christkind

Alfons Schweiggert

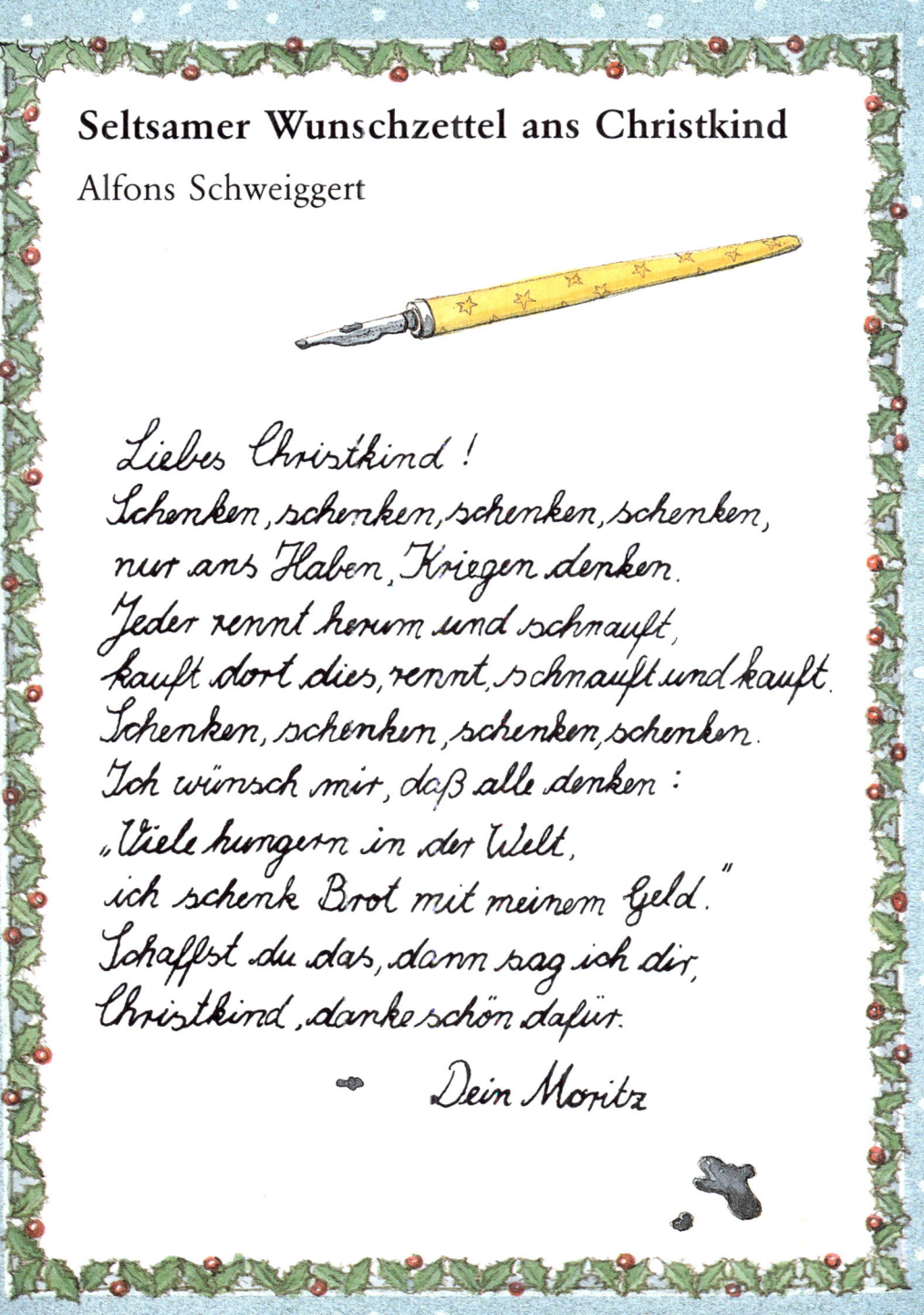

Liebes Christkind!
Schenken, schenken, schenken, schenken,
nur ans Haben, Kriegen denken.
Jeder rennt herum und schnauft,
kauft dort dies, rennt, schnauft und kauft.
Schenken, schenken, schenken, schenken.
Ich wünsch mir, daß alle denken:
„Viele hungern in der Welt,
ich schenk Brot mit meinem Geld."
Schaffst du das, dann sag ich dir,
Christkind, danke schön dafür.
                    Dein Moritz

Ihr Kinderlein kommet

1. Ihr Kin-der-lein kom-met, o kom-met doch all! Zur Krip-pe her - kom-met, in Beth - le-hems Stall, und seht, was in die - ser hoch-hei - li-gen Nacht der Va - ter im Him-mel für Freu - de uns macht.

2. O seht in der Krippe im nächtlichen Stall,
seht hier bei des Lichtleins hellglänzendem Strahl
in reinlichen Windeln das himmlische Kind,
viel schöner und holder, als Engel es sind.

3. Da liegt es, das Kindlein, auf Heu und auf Stroh;
Maria und Joseph betrachten es froh.
Die redlichen Hirten knien betend davor;
hoch oben schwebt jubelnd der Engelein Chor.

4. O beugt wie die Hirten anbetend die Knie,
erhebet die Händlein und danket wie sie.
Stimmt freudig, ihr Kinder – wer sollt sich nicht
    freun? –,
stimmt freudig zum Jubel der Engel mit ein!

5. Was geben wir Kinder, was schenken wir dir,
du bestes und liebstes der Kinder, dafür?
Nichts willst du von Schätzen und Reichtum der
    Welt,
ein Herz nur voll Demut allein dir gefällt.

Text: Christoph von Schmid
Melodie: Johann Abraham Peter Schulz

Die Weihnachtsgrippe

Ursel Scheffler

Kurz vor Weihnachten bekam der Weihnachtsmann eine richtige Grippe. Wahrscheinlich kam es daher, daß er im Schneegestöber zu lange auf dem Weihnachtsmarkt herumgelaufen war.

„Hatschi! Ausgerechnet in der Hochsaison!" stöhnte er und putzte sich die Nase, die vom Schnupfen noch röter war als sonst.

„Wenn es mir in zwei oder drei Tagen nicht bessergeht, gibt es in diesem Jahr keine Geschenke", sagte er zu Rudolf dem Rentier, der seit vielen Jahren sein treuer Begleiter war.

„Das darf nicht sein!" sagte Rudolf besorgt. „Die Kinder freuen sich so auf Weihnachten. Man darf sie nicht enttäuschen."

„Was kann ich machen?" seufzte der Weihnachtsmann und wickelte sich fröstelnd in seine Wolldecke. „Gegen Grippebazillen ist selbst ein Weihnachtsmann machtlos."

Rudolf lief in den Wald und suchte nach Wurzeln und Kräutern, von denen er wußte, daß sie Heilkräfte hatten. Er kochte einen Tee daraus.

„Schmeckt ja scheußlich", sagte der Weihnachtsmann.

„Aber es hilft", behauptete Rudolf.

76

Doch die „Weihnachtsgrippe" ließ sich auch von den Kräutertees nicht einschüchtern. Auch am nächsten und übernächsten Tag hatte der Weihnachtsmann Fieber.

„Noch drei Tage bis Weihnachten. Und ich kann nicht in meine Werkstatt!" jammerte er. „Wer soll denn die Geschenke fertigmachen?"

„Zuerst mußt du gesund werden!" sagte Rudolf. Er tat etwas Baldrian in den Kräutertee und deckte den Weihnachtsmann bis zur Nasenspitze zu.

Dann ging er in die Werkstatt. Dort standen Mengen halbfertiger Spielsachen herum: Da lagen Bücher, Bälle, Schlittschuhe, Malbücher und viele andere Weihnachtsüberraschungen, die noch verpackt und mit Namen versehen werden mußten.

„Mal sehen, was ich tun kann", murmelte Rudolf ein wenig mutlos.

Rudolf selbst war zwar ein äußerst schnelles Schlittentier, aber bei Handarbeiten ziemlich ungeschickt. Da rannte Rudolf in seiner Verzweiflung in den Wald hinaus. „Ihr müßt mir helfen!" rief er den Waldtieren zu. „Der Weihnachtsmann ist krank, und wenn wir nicht zusammenhelfen, gibt es in diesem Jahr keine Weihnachtsgeschenke für die Kinder."

„Das wär säär schlächt!" rief der Specht und klopfte so laut, daß es auch die Tiere hörten, die weiter weg wohnten.

„SOS – der Weihnachtsmann braucht Hilfe!"

Bald darauf wurde es lebendig im Wald. Die Tiere kamen mitten in der Nacht zum Haus des Weihnachtsmannes, der nichtsahnend schlief. Der Specht leistete gute Arbeit. Der Kleiber leimte. Das Eichhörnchen packte alles in Kästen. Die Eule stopfte die Ecken mit Flusen aus, damit nichts zerbrach. Die Spinnen woben silberne Fäden. Die Hasen halfen beim Einwickeln und die Haselmaus beim Zuschnüren. Die Elster beklebte die Pakete mit Sternen aus Glanzpapier. Der Rabe schrieb die Adressenschilder, so wie es Rudolf aus dem großen Auftragsbuch vorlas. Das Wiesel brachte alles hinaus zum Schlitten.

Der Berg der Geschenke wuchs. Am Morgen war alles fertig.

„Hab' ich heute nacht aber unruhig geträumt!" brummte der Weihnachtsmann, als er erwachte. „In meinem Kopf hat es so gehämmert und geraschelt."

„Das war nicht in deinem Kopf. Das war in unserer Werkstatt", sagte Rudolf vergnügt.

Und weil der Weihnachtsmann kein Fieber mehr hatte, brachte ihm das Rentier seinen großen roten Bademantel und seine Pantoffeln.

„Hat hier einer gezaubert?" staunte der Weihnachtsmann, als er sah, daß alle Arbeit getan war.

„Zusammenhelfen ist keine Zauberei", sagte Rudolf und berichtete stolz, wie alle Tiere mitgearbeitet hatten.

78

So kam es, daß der Schlitten mit den Weihnachtsge-
schenken schließlich doch rechtzeitig auf die Reise
ging, auch wenn der Weihnachtsmann noch ein bißchen schwach war, und die Waldtiere und Vögel, die
den Schlitten ein Stück durch den Wald begleiteten,
riefen: „Halt dich gut fest, damit du nicht herunter-
fällst, wenn Rudolf durch die Lüfte saust!"

Wie ein Wunder erreichten auch in diesem Jahr
wieder alle Geschenke die Kinder pünktlich zur
Bescherung. Ein kleiner Junge staunte allerdings, als
er in seinem Holzbaukasten eine Haselnuß fand.
Da hatte das Eichhörnchen nicht aufgepaßt. Aber so
ein kleines Mißgeschick kann schließlich jedem
passieren.

Advent

Es treibt der Wind im Winterwalde
die Flockenherde wie ein Hirt,
und manche Tanne ahnt, wie balde
sie fromm und lichterheilig wird;
und lauscht hinaus. Den weißen Wegen
streckt sie die Zweige hin – bereit,
und wehrt dem Wind und wächst entgegen
der einen Nacht der Herrlichkeit.

Rainer Maria Rilke

O Tannenbaum

1. O Tan-nen-baum, o Tan-nen-baum, wie grün sind dei-ne Blät-ter! Du grünst nicht nur zur Som-mers-zeit, nein, auch im Win-ter, wenn es schneit. O Tan-nen-baum, o

G   Am   D   D⁷   G

Tan-nen-baum, wie grün sind dei - ne Blät-ter!

2. O Tannenbaum, o Tannenbaum,
du kannst mir sehr gefallen.
Wie oft hat nicht zur Weihnachtszeit
ein Baum von dir mich hocherfreut.
O Tannenbaum, o Tannenbaum,
du kannst mir sehr gefallen.

3. O Tannenbaum, o Tannenbaum,
dein Kleid will mich was lehren:
Die Hoffnung und Beständigkeit
gibt Trost und Kraft zu jeder Zeit.
O Tannenbaum, o Tannenbaum,
dein Kleid will mich was lehren.

Text: August Zarnack
Melodie: Ernst Anschütz

Der Christbaum ist der schönste Baum ...

Wer an Weihnachten denkt, der denkt auch an den Christbaum. Kaum vorzustellen, daß es eine Zeit gab, als es die bunt geschmückten Weihnachtsbäume noch gar nicht gab. Aber so war es. Nur immergrüne Zweige waren seit jeher begehrter Hausschmuck. Sie sollten böse Mächte vertreiben und galten als Symbol von Lebenskraft.

In früheren Zeiten kannte man so etwas wie Heizung oder elektrisches Licht noch nicht. Die Winter waren hart, und die Menschen klammerten sich an die Hoffnung auf den nächsten Frühling, auf Leben und auf Licht – die Hoffnung auf das nächste Grün. Dafür waren die immergrünen Zweige ein Zeichen. Auch der Ausspruch „Grün ist die Hoffnung" ist natürlich kein Zufall.

Geschmückte Weihnachtsbäume allerdings kamen erst später auf. Um das Jahr 1600 ist in einer Chronik aus dem Elsaß erstmals die Rede von aufgestellten „Dannenbäum", die mit Rosen aus buntem Papier, Äpfeln, Oblaten und Zuckerwerk geschmückt sind. Kerzen gehörten damals noch nicht dazu.

Bis sich der Christbaum so verbreitet hatte, wie wir ihn kennen, dauerte es noch lange. Erst im 19. Jahrhundert wurde er allgemein Teil des Weihnachtsfests. Heute ist er in aller Welt verbreitet. Meistens ist er reich geschmückt – mit Kerzen, bunten Kugeln,

Engelchen und Strohsternen. Das umweltschädliche Lametta wird heute immer weniger verwendet. Wer nicht darauf verzichten will, nimmt es nach dem Fest vom Baum und benutzt es im nächsten Jahr wieder. Viele Menschen, die sich um die Natur Gedanken machen, sind auch dazu übergegangen, als Christbaum einen Baum mit Wurzelballen zu kaufen, um ihn nach Weihnachten wieder einzupflanzen. Eine gute Idee – aber nur, wenn im Garten der nötige Platz für den Baum vorhanden ist, denn Nadelbäume werden groß.

Geduldsprobe:
Malt das Haus vom Nikolaus!

Kennt ihr das Haus vom Nikolaus? Unten ist es abgebildet. Nehmt Blatt und Bleistift, und versucht es
nachzumalen, während ihr den Spruch sagt: „Dies ist
das Haus vom Nikolaus." Sagt bei jedem Strich eine
Silbe, also: „Dies-ist-das-Haus-vom-Ni-ko-laus."
Das Schwierige daran: Das Haus soll in einem Zug
gezeichnet werden, ohne daß ihr ein einziges Mal
den Stift absetzt. Gar nicht so einfach? Stimmt.
Wenn euch die Geduld ausgeht, schaut bei den
Lösungen hinten im Buch nach, wie's gemacht wird.

Künstler gesucht:
Wer verschickt die schönste
Weihnachtspost?

Habt ihr schon einmal daran gedacht, Weihnachts-
karten und Geschenkpapier selbst zu bemalen oder
zu bedrucken? Ihr könnt eure Phantasie spielen
lassen und anderen ein zusätzliches Geschenk
machen, das ihnen bestimmt Freude bereitet. Zwei
Techniken sind für große wie kleinere Flächen gut
anzuwenden: der Kartoffeldruck und die Spritz-
technik mit Zahnbürste.

Kartoffeldruck

Das braucht ihr:
– rohe Kartoffeln
– Messer, Filzstift, Pinsel
– evtl. kleine Ausstechförmchen
– Wasser- oder Plakafarben
– Packpapier
– weiße Briefkarten
– Zeitungspapier

So wird's gemacht:

1. Großzügig Zeitungspapier auslegen, damit es keine Flecken gibt. Eine rohe Kartoffel durchschneiden. Schnittfläche abtupfen und eventuell mit Filzstift eine einfache Figur (Herz, Tannenbaum, Stern ...) auf die Schnittfläche malen.

2. Mit einem Küchenmesser alles, was nicht zur aufgemalten Figur gehört, herausschneiden, so daß das Bild als Stempel herausragt. Oder: Ein Aussteckförmchen fest auf die Schnittfläche drücken und alles, was außerhalb des Förmchens ist, wegschneiden.

3. Stempel bemalen und auf Papier drucken.

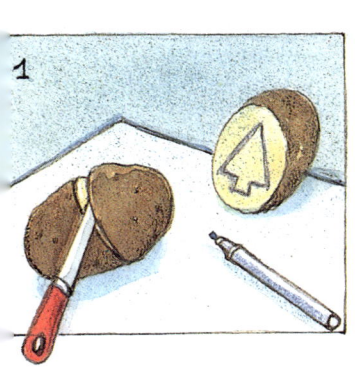

Übrigens: Ihr könnt euch ganz leicht ein Stempelkissen dazu basteln. Nehmt den Deckel von einem leeren Marmeladenglas, und legt ein Stück dicken Filzrest hinein. Übergießt den Filz mit Plakafarbe. Jetzt braucht ihr nur noch den Stempel darauf zu drücken.

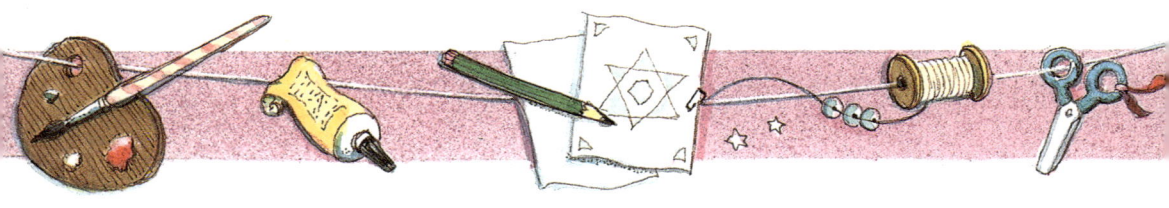

Spritztechnik

Das braucht ihr:
– alte Zahnbürste
– kleines Küchen- oder Spritzsieb
– Wasserfarben
– Packpapier und weiße Briefkarten
– Figuren aus Papier: Sterne, Kerzen ...

So wird's gemacht:

1. Bastelplatz mit Zeitungspapier auslegen. Ausgeschnittene Figur(en) über das zu bedruckende Papier legen. Zahnbürste in wenig Wasser tauchen und Farbe damit anrühren. Die Zahnbürste am Wasserglas abklopfen oder auf Altpapier vorspritzen (um Kleckser zu vermeiden).

2. Mit der einen Hand das Sieb etwa 10 cm über das Papier halten, mit der anderen Hand vorsichtig die Zahnbürste hin- und herreiben, so daß die Farbe durch das Sieb gebürstet wird. Am besten zuerst mit Altpapier ausprobieren.

3. Papierfigur hochnehmen. Ihre Umrisse bleiben jetzt als freier Fleck auf dem Papier.

90

Was ist das?

In der Luft, da fliegt's,
Auf der Erde liegt's,
Auf dem Baume sitzt's,
In der Hand, da schwitzt's,
Auf dem Ofen zerläuft's,
In dem Wasser ersäuft's.
Wer gescheit ist, begreift's.

Georg Christian Dieffenbach

Wer ist das?

Er ist ein Freund der Kinder,
kommt immer nur im Winter,
trägt Schweres auf dem Rücken,
sie zu beglücken.

Die Weihnachtsgeschichte
Nach Lukas 2, 1-20

Von Kaiser Augustus in Rom ging eines Tages ein Befehl aus. Alle Leute sollten sich in Listen eintragen lassen und gezählt werden. Also ging jeder in seine Stadt. Auch Joseph und Maria machten sich auf den Weg. Sie wollten nach Bethlehem, in die Stadt König Davids, von dem Joseph abstammte.

Maria erwartete ein Kind. Als sie mit Joseph nach Bethlehem kam, merkte sie, daß ihr Kind bald auf die Welt kommen würde. Doch nirgends war Platz für sie und Joseph. Der einzige Ort, an dem sie bleiben konnten, war der Stall einer Herberge. Und dort bekam Maria ihren Sohn. Sie wickelte ihn in Windeln und legte ihn in eine Futterkrippe.

In der gleichen Gegend waren um diese Zeit Hirten auf dem Felde, die in der Nacht ihre Schafherde bewachten. Plötzlich wurde es hell um sie, und ein Engel erschien vor ihnen. Die Hirten erschraken sehr. Aber der Engel sprach zu ihnen: „Fürchtet euch nicht! Ich verkünde euch eine große Freude für alle Völker. Heute ist in der Stadt Davids der Heiland geboren. Es ist Christus, der Herr. Ihr werdet ihn finden. Das Kind liegt in einer Krippe und ist in Windeln gewickelt."

Plötzlich erschien eine ganze Schar von Engeln. Sie lobten Gott und sprachen: „Ehre sei Gott in der

Höhe und Friede auf Erden."
Die Hirten machten sich schnell auf den Weg nach
Bethlehem, um das neugeborene Kind zu suchen.
Sie fanden Maria, Joseph und das Kind in der Krippe,
und sie erzählten, was ihnen der Engel gesagt hatte.
Alle, die es hörten, wunderten sich. Maria aber
behielt die Worte in ihrem Herzen. Die Hirten
kehrten wieder um zu ihrer Herde und lobten Gott
für alles, was sie gesehen hatten.

Stille Nacht, heilige Nacht!

2. Stille Nacht, heilige Nacht!
Hirten erst kundgemacht;
durch der Engel Halleluja
tönt es laut von fern und nah:
Christ der Retter ist da.

3. Stille Nacht, heilige Nacht!
Gottes Sohn, o wie lacht
Lieb aus deinem göttlichen Mund,
da uns schlägt die rettende Stund,
Christ, in deiner Geburt.

Text (gekürzt): Josef Mohr
Melodie: Franz Gruber

Weihnachtsspiel: Wir gehen zur Krippe

Josef Guggenmos

Kaspar:	Ach, wie sind wir voll Verlangen
Melchior:	weit gegangen,
Balthasar:	weit gegangen,
Kaspar:	über Berge,
Melchior:	tief im Tal,
Balthasar:	durch die Wüste öd und kahl,
Kaspar:	Tag und Nacht auf schlechten Straßen.
Melchior:	Unsre Füße sind voll Blasen.
Balthasar:	Ach, wie war das Herz oft schwer,
alle drei:	doch der Stern ging vor uns her.
Kaspar:	Schrecklich knurrte oft der Magen.
Melchior:	Räuber wollten uns erschlagen.
Balthasar:	Löwen brüllten gar nicht fern,
alle drei:	doch wir folgten unserm Stern,
Kaspar:	der uns treu geleitet hat
	bis in diese schöne Stadt.
Melchior:	In die Stadt Jerusalem,
	wo die vielen Häuser stehn.
Balthasar:	Doch wen können wir hier fragen,
	und wer wird das Kind uns sagen?
Kaspar:	Welch Palast, welch goldne Tür!
	Der Herr König wohnet hier!
Melchior:	Dieser hohe, edle Mann
	wird uns helfen, wie er kann.

96

Balthasar: Schenken wird er uns zum Dank
      für die Nachricht Speis' und Trank.
alle drei (rufend): Herr Herodes, komm heraus,
      tritt aus deinem Marmorhaus!
Herodes (von links): Ich, Herodes, komm' heraus,
      tret' aus meinem Marmorhaus,
      halt' das Zepter in der Hand,
      König bin ich hier im Land.
      Bin gefürchtet, bin gehaßt,
      tue alles, was mir paßt.
alle drei: So heißt unsre kleine Schar:
Kaspar: Kaspar,
Melchior: Melchior,
Balthasar: Balthasar.
alle drei: Den Herrn der Welten suchen wir,
      geboren ist der Heiland hier,
      der König, der den Frieden schenkt.
      Ein Stern hat unsern Weg gelenkt.
Herodes (zu sich): Was? Die Botschaft freut mich
      wenig.
      Ich bin König! Ich bin König!
      Keiner soll mir das verwehren!
(zu den dreien) Gern will ich den Heiland ehren.
      Dank, Ihr Herrn! Nun geht geschwind,
      suchet weiter nach dem Kind!
      Wenn Ihr's findet, sagt mir's gleich!
(zu sich) Dann schlag' ich's tot auf einen Streich!
      (ab)

Kaspar:	Finster waren seine Züge,
	voller Bosheit und voll Lüge.
Melchior:	Nein, wenn wir das Kindlein finden,
	dürfen wir's ihm nicht verkünden!
Balthasar:	Fliehen wir den bösen Ort!
alle drei:	Traurig ziehn wir weiter fort.
Kaspar:	Wer mögen jene Leute sein?
	Eilig ziehn sie querfeldein.
Hirten:	Hirten sind wir, arme Leute,
	viel geplagt und ohne Freude.
	Karg ist unser täglich Brot.
	Unser Schatz heißt Müh' und Not.
Melchior:	Arm seid ihr und unbekannt,
	alt und schlecht ist das Gewand.
	Und doch liegt es wie ein Licht
	hell auf eurem Angesicht.
Hirten:	Hell ist unser Angesicht,
	angezündet ist ein Licht,
	das in unsern Herzen brennt.
	Endlich hat die Nacht ein End'.
Balthasar:	Was ist Großes euch geschehn?
Hirten:	Wir eilen, Gottes Sohn zu sehn.
	In dieser Nacht, hört, was geschah,
	stand jäh ein Engel vor uns da,
	ein Engel, groß und ernst und schön.
	Der sagte: Geht nach Bethlehem!
	Gott ist als Kind herabgestiegen –
	in einer Krippe seht ihr's liegen!

alle drei:	Durch Sonnenglut, durch Sturm und Regen gingen wir dem Kind entgegen.
Kaspar:	Wir gingen Tage, Nächte viel,
Melchior:	doch nicht umsonst: Wir sind am Ziel!
Balthasar:	Der Stern, dort steht er überm Stalle!
alle drei, Hirten:	Weihnacht ist es für uns alle.

Schlittenfahrt

Das ist ein fröhlich Fahren,
Der Schnee blinkt weiß und rein,
Im Schlitten sitzt behaglich
Das kleine Schwesterlein.

Es hat der eine Bruder
Als Pferd sich vorgespannt,
Der andre schiebt von hinten,
Der Spitz kommt nachgerannt.

Mit frischen, roten Backen
Geht es im Trab voran,
Mit Jubeln und mit Jauchzen
Auf glatter Schlittenbahn.

Georg Christian Dieffenbach

Schnee-Engel und Schnee-Adler

Mit einer lustigen Methode könnt ihr Engel oder Riesenvögel in den Schnee malen. Voraussetzung ist nur, daß ihr wasserfeste Schneekleidung anhabt.

Sucht ein Stück Wiese mit noch unberührter Schnee-fläche und legt euch mit ausgestreckten Armen hin. Eure Arme sind jetzt eure Schwingen. Ihr bewegt sie auf und ab wie ein Vogel beim Fliegen. Jetzt müßt ihr nur noch aufstehen, ohne dabei die Arme zu benützen, und mit einem großen Sprung beiseite hüpfen, damit ihr euren Adler oder euren Engel nicht zerstört. Dann könnt ihr euer Kunstwerk betrachten.

Im Handumdrehen gemacht: Mandelsplitter zum Naschen und Verschenken

Mandelsplitter sind einfach herzustellen und verlocken auch einen Feinschmecker. In einem hübschen Glas oder in Folie mit buntem Geschenkband sind sie ein prima Geschenk – vorausgesetzt natürlich, ihr nascht nicht zuviel ...

Das braucht ihr:
– 100 g Mandelstifte
– 150 g Schokoladenkuvertüre
– Backpapier
– Backblech oder Tablett

So wird's gemacht:
1. Die Mandelstifte in einer beschichteten Pfanne (ohne Fett) goldbraun rösten und abkühlen lassen.

2. Topf mit Wasser erhitzen. Die Kuvertüre in kleine Schüssel oder Gefäß geben. Das Gefäß in das heiße Wasser stellen, bis die Kuvertüre geschmolzen ist.

3. Die Mandeln daruntermischen.

4. Ein Backblech oder Tablett mit Backpapier auslegen.

5. Mit zwei Teelöffeln kleine Häufchen der Schoko-Mandel-Masse auf das Backblech oder Tablett setzen und über Nacht trocknen lassen.

Wenn ihr die Mandelsplitter verschlossen aufbewahrt, schmecken sie lange gut.

Es weihnachtet sehr – auch in anderen Ländern!

Ein mächtiger Schlitten saust durch die Lüfte. Er wird von acht Rentieren gezogen und ist auf dem Weg zu den Menschen. Im Gepäck hat er viel buntes Spielzeug für die Kinder, die schon sehnsüchtig darauf warten. Den Schlitten lenkt ein großer Mann mit roter Kleidung und langem weißem Bart: Es ist der Weihnachtsmann. So kennen ihn die Kinder in **England** und **Amerika.** Er heißt *Santa Claus*, in England auch *Father Christmas*.

Er fliegt über die Dächer und wirft die Geschenke, die er den Kindern mitgebracht hat, durch die Kamine in die Häuser oder klettert sogar selbst durch den Kamin. Am nächsten Morgen, dem ersten Weihnachtsfeiertag, finden die Kinder, was er ihnen beschert hat. Dann wird gefeiert. Zum Festschmaus sind auch die Verwandten eingeladen. In England gibt es Truthahn und den berühmten Plumpudding. Berühmt sind auch die Mistelzweige, die über den Türen aufgehängt werden. Es sind alte Symbole des Friedens und der Freundschaft. Wer darunter jemandem begegnet, darf geküßt werden.

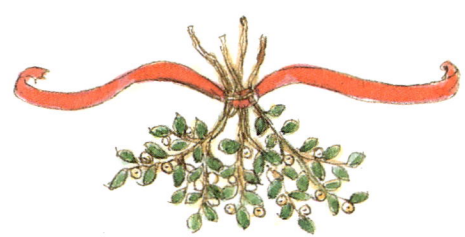

In **Frankreich** werden am Heiligen Abend Krippen mit kleinen Figuren aus Ton aufgestellt, die Maria und Joseph mit dem Kind, die Hirten sowie Ochs und Esel darstellen. Am Dreikönigstag kommen auch die Heiligen Drei Könige dazu.

Zum Weihnachtsessen gibt es in französischen Familien oft einen ganz besonderen Nachtisch. Es ist eine Cremerolle in Form eines Holzscheits oder Baumstamms, genannt *bûche de noël*. Dieser Weihnachtsscheit erinnert an den uralten Brauch, einen riesigen Holzklotz in den Kamin zu legen, der von Weihnachten bis zum Dreikönigstag brennen sollte. Die Geschenke gibt es für die Kinder am Morgen nach dem Heiligen Abend. *Père Noël*, der französische Weihnachtsmann, bringt sie in der Nacht, wenn die Kinder schlafen.

In **Italien** wünscht man sich an Weihnachten *Buon Natale*, also ein „gutes Geburtsfest". Wie in Frankreich werden im Zimmer Krippen aufgestellt. Sie stehen ganz im Mittelpunkt des Festes, und am liebsten möchte jede Familie die schönste Krippe haben. Ein großes Weihnachtsessen gibt es oft am Abend vor der Mitternachtsmesse und noch einmal am nächsten Tag. Eines darf dabei keinesfalls fehlen: „Panettone", der italienische Weihnachtskuchen.
Auf die Geschenke müssen die Kinder noch etwas warten, denn der Tag der Bescherung ist traditionell der 6. Januar. In der Nacht vorher reitet die Dreikönigshexe *La Befana* auf ihrem Besen durch die Luft und wirft die Geschenke durch den Kamin. Für Kinder, die nicht brav waren, so heißt es, läßt sie jedoch nur Kohlestücke zurück.

In **Schweden** ist schon der 13. Dezember ein beson-
derer Festtag. Es ist der Namenstag der heiligen
Lucia, der Lichtträgerin. Frühmorgens verkleidet
sich ein Mädchen in der Familie als Lucia. Sie zieht
sich ein langes weißes Gewand an und setzt sich
einen Lichterkranz auf den Kopf. So geschmückt
bringt sie der übrigen Familie duftenden Kaffee und
Brötchen oder Gebäck ans Bett.

Weihnachten feiert man in **Skandinavien** als „Jul-
fest". Am Weihnachtsabend geht es lustig zu. Die
ganze Familie singt und tanzt um den Weihnachts-
baum herum, dann bringt der Weihnachtsmann die
Geschenke. Mancherorts wird an Weihnachten ein
Schüsselchen Brei vor die Tür gestellt. Das ist für die
Weihnachtszwerge. Sie helfen den Menschen in
Haus und Hof und sind ihnen im allgemeinen wohl-
gesonnen, aber sie können auch ihren Schabernack
treiben. Das Schüsselchen Brei ist dazu gedacht, sie
günstig zu stimmen.
Einen besonderen Nachtisch für die Menschen gibt
es an Weihnachten in **Dänemark:** süße Reisgrütze.
In der Grütze ist eine Mandel versteckt, und wer sie
findet, bekommt ein Geschenk.

Für die Kinder in **Holland** ist schon der 6. Dezember, der Nikolaustag, ein sehnsüchtig erwartetes Datum, denn dann bringt ihnen *Sinterklaas*, der holländische Nikolaus, die Geschenke. Schon vor dem Nikolaustag fährt er mit *Zwarte Piet*, dem Schwarzen Peter, mit dem Schiff in Amsterdam ein, wo er feierlich begrüßt wird. In der Nacht des 5. Dezember ziehen *Sinterklaas* und *Zwarte Piet* unbemerkt über die Dächer und lassen die Geschenke in die Kamine fallen. Am nächsten Tag finden sie die Kinder in ihren Schuhen.

In **Rußland** und auf dem **Balkan** warten die Kinder auf *Väterchen Frost*, der ihnen die Geschenke bringt. Es gibt dort viele verschiedene Weihnachtsbräuche und Sitten. Väterchen Frost jedoch kennen alle Kinder – auch die in Rumänien, Bulgarien oder Polen.

In **Polen** gibt es zum Weihnachtsessen einen besonderen Brauch. Das Essen beginnt, indem ein dünner
Brotfladen, *Oplatek* genannt, herumgereicht wird. In
den Fladen ist ein Bild von Maria, Joseph und dem
Christuskind eingeprägt, und jeder Anwesende
bricht sich ein Stück davon ab.

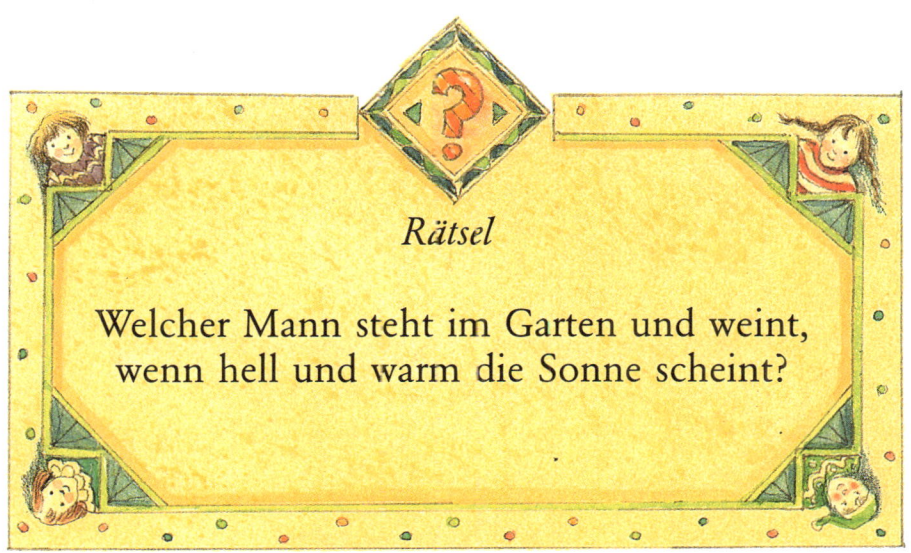

Rätsel

Welcher Mann steht im Garten und weint,
wenn hell und warm die Sonne scheint?

Kommet, ihr Hirten

1. Kom - met, ihr Hir - ten, ihr
Kom - met, das lieb - li - che

Män - ner und Frau'n!
Kind - lein zu schau'n!

Chri-stus, der Herr ist

heu - te ge-bo-ren, den Gott zum Hei-land

euch hat er-ko-ren. Fürch-tet euch nicht!

2. Lasset uns sehen in Bethlehems Stall,
was uns verheißen der himmlische Schall!
Was wir dort finden,
lasset uns künden,
lasset uns preisen
in frommen Weisen!
Alleluja!

3. Wahrlich, die Engel verkündigen heut,
Bethlehems Hirtenvolk gar große Freud.
Nun soll es werden
Friede auf Erden,
den Menschen allen
ein Wohlgefallen.
Ehre sei Gott!

Volkslied aus Böhmen

Die Weihnachtsmaus

Die Weihnachtsmaus ist sonderbar
(sogar für die Gelehrten),
denn einmal nur im ganzen Jahr
entdeckt man ihre Fährten.

Mit Fallen oder Rattengift
kann man die Maus nicht fangen.
Sie ist, was diesen Punkt betrifft,
noch nie ins Garn gegangen.

Das ganze Jahr macht diese Maus
den Menschen keine Plage.
Doch plötzlich aus dem Loch heraus
kriecht sie am Weihnachtstage.

Zum Beispiel war vom Festgebäck,
das Mutter gut verborgen,
mit einemmal das Beste weg
am ersten Weihnachtsmorgen.

Da sagte jeder rundheraus:
Ich hab es nicht genommen!
Es war bestimmt die Weihnachtsmaus,
die über Nacht gekommen.

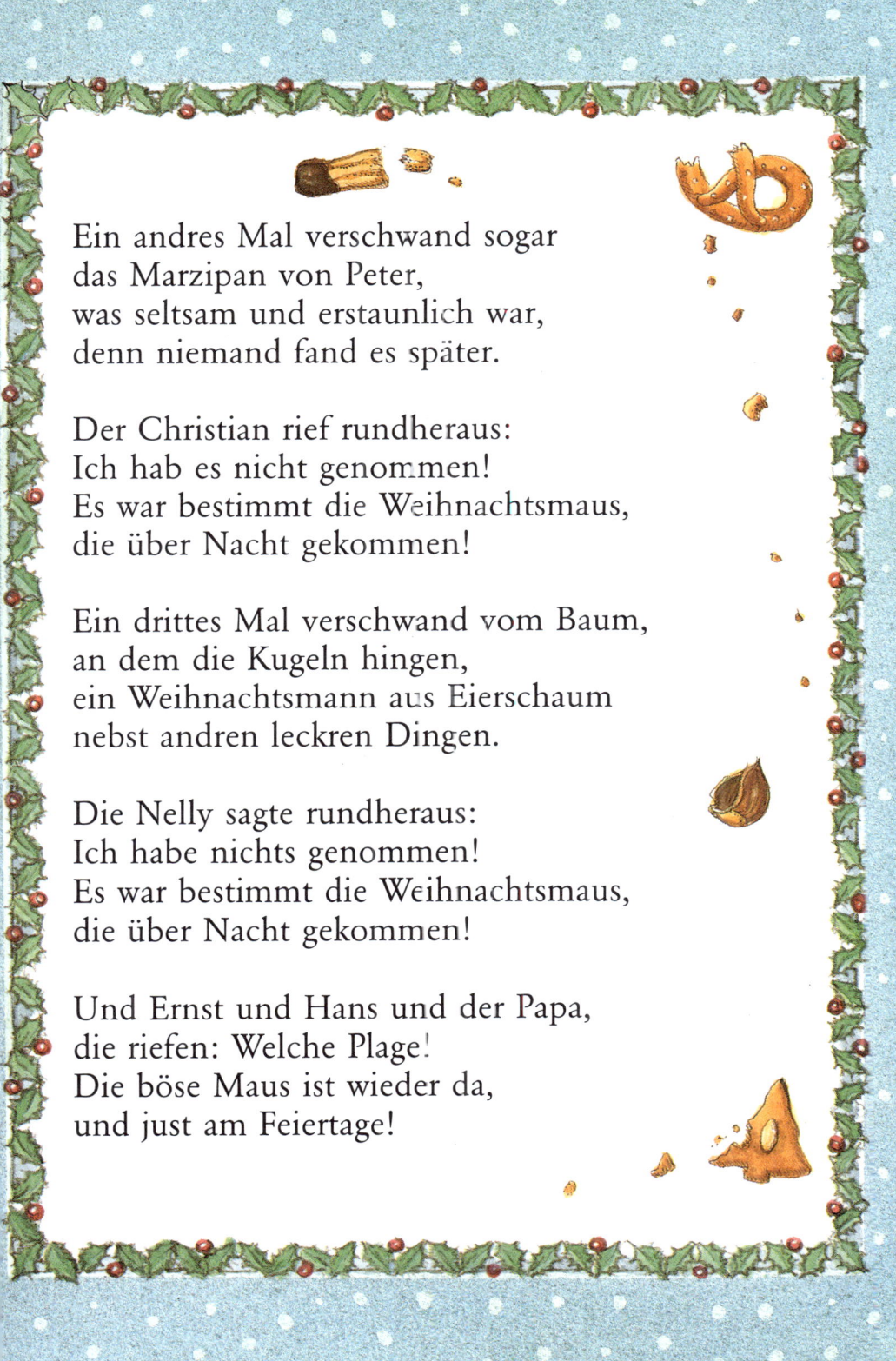

Ein andres Mal verschwand sogar
das Marzipan von Peter,
was seltsam und erstaunlich war,
denn niemand fand es später.

Der Christian rief rundheraus:
Ich hab es nicht genommen!
Es war bestimmt die Weihnachtsmaus,
die über Nacht gekommen!

Ein drittes Mal verschwand vom Baum,
an dem die Kugeln hingen,
ein Weihnachtsmann aus Eierschaum
nebst andren leckren Dingen.

Die Nelly sagte rundheraus:
Ich habe nichts genommen!
Es war bestimmt die Weihnachtsmaus,
die über Nacht gekommen!

Und Ernst und Hans und der Papa,
die riefen: Welche Plage!
Die böse Maus ist wieder da,
und just am Feiertage!

Nur Mutter sprach kein Klagewort.
Sie sagte unumwunden:
Sind erst die Süßigkeiten fort,
ist auch die Maus verschwunden!

Und wirklich wahr: Die Maus blieb weg,
sobald der Baum geleert war,
sobald das letzte Festgebäck
gegessen und verzehrt war.

Sagt jemand nun, bei ihm zu Haus –
bei Fränzchen oder Lieschen –
da gäb es keine Weihnachtsmaus,
dann zweifle ich ein bißchen!

Doch sag ich nichts, was jemand kränkt!
Das könnte euch so passen!
Was man von Weihnachtsmäusen denkt,
bleibt jedem überlassen!

James Krüss

115

Herrn Grimmelshausens wundersame Weihnachtsreise

Harald Parigger

Herr Grimmelshausen war unzufrieden. Seine Arbeit machte ihm keinen Spaß, mit seiner Frau stritt er sich den ganzen Tag, und mit seinen beiden Kindern schimpfte er nur. Er ärgerte sich über die Menschen, über das Wetter, über alles. Niemand konnte ihm etwas recht machen, niemand hatte ihn jemals zufrieden gesehen. Ja, sogar wenn er in den Spiegel schaute, verzog er das Gesicht, denn nicht einmal sich selbst konnte er leiden.

Einmal saß Herr Grimmelshausen am Heiligen Abend in seinem Lehnstuhl am Fenster und blickte finster vor sich hin. Denn auch das Weihnachtsfest war für ihn kein Grund zur Freude. Es waren Tage wie alle anderen, an denen er von Ärger und Unzufriedenheit erfüllt war. Am liebsten hätte er sie verschlafen!

Herr Grimmelshausen gähnte und schloß die Augen und nickte tatsächlich ein.

Er erwachte von einem heftigen Ruck, der ihm durch den ganzen Körper ging. Als er die Augen öffnete, sah er zu seinem Entsetzen, daß er auf seinem Lehnstuhl hoch in der Luft schwebte. „He, was soll das?" schrie er. „Sofort will ich herunter!" Er zappelte mit

den Beinen und versuchte, auf den Boden zu springen, aber es nützte nichts. Er blieb sitzen, als wäre er festgeklebt. Plötzlich öffneten sich die Fensterflügel, und hui! flog der Stuhl mit Herrn Grimmelshausen hinaus in die Winternacht.

Herr Grimmelshausen schimpfte und tobte noch eine ganze Weile. Dann verlegte er sich auf's Bitten: „Laß mich doch herunter, ich möchte nach Hause!" So hoch war er nämlich mit seinem seltsamen Gefährt gestiegen, daß er sich zu fürchten begann. Außerdem zitterte er vor Kälte.

Aber der Stuhl war so schweigsam wie alle Stühle und antwortete nicht. Sie flogen und flogen, und nichts war zu hören als das Rauschen des Windes. So war auch Herr Grimmelshausen schließlich still und kauerte sich, so gut es ging, zusammen. „Wohin diese schreckliche Reise wohl geht?" dachte er bei sich.

Allmählich gewöhnten sich seine Augen an die Dunkelheit. Da sah er, daß neben ihm drei große schwarze Vögel durch die Nacht flogen. Lautlos hoben und senkten sich ihre Flügel. Herrn Grimmelshausen wurde es recht unheimlich zumute. „Wer seid ihr?" rief er ängstlich und hoffte kaum, daß er eine Antwort bekäme.

Doch der erste Vogel krächzte: „Ich bin der Rabe des armseligen Weihnachtsfestes."

„Ich bin der Rabe des traurigen Weihnachtsfestes", krächzte der zweite, und der dritte krächzte: „Ich bin der Rabe des einsamen Weihnachtsfestes."

„Was wollt ihr von mir?" fragte Herr Grimmelshausen. Doch die Vögel antworteten nicht mehr.
Endlich senkte sich der Stuhl und schwebte vor
einem Fenster, hinter dem ein trübes Licht schim-
merte. Der erste Rabe flog auf Herrn Grimmelshausens Schulter. „Schau hinein!" befahl er.
Herr Grimmelshausen blickte durch das Fenster und
sah erst jetzt, daß es zerbrochen war. Dahinter
befand sich ein armseliges Zimmer, das von einer
einzigen nackten Glühbirne beleuchtet wurde. Die
Tapeten hingen in Fetzen von den Wänden, und
kein Teppich lag auf dem Boden. Nur wenig Möbel
gab es in dem Raum, einen Tisch, eine Kiste, ein paar
Hocker. Auf dem Boden lagen vier schmale
Matratzen, auf denen sechs Menschen hockten: die
Eltern und vier Kinder. Sie sprachen miteinander,
aber keine Hoffnung, keine Weihnachtsfreude war in
ihren Stimmen. Keine bunt verpackten Geschenke
gab es, und keinen Christbaum. Auf dem Tisch lagen
ein Laib Brot und eine Wurst.
Herr Grimmelshausen war erschrocken. Gab es wirklich Menschen, die so arm waren? Darüber hatte er
noch niemals nachgedacht.
Plötzlich flatterte der Rabe von seiner Schulter, flog
durch die zerbrochene Scheibe in das Zimmer und
schnappte sich die Wurst.
„Halt, nein, das darfst du nicht!" schrie Herr Grimmelshausen. „Wie kannst du den armen Menschen

das wenige, was sie zu essen haben, wegnehmen?"
Der Rabe ließ die Wurst achtlos fallen. „Warum sagst
du das?" antwortete er. „Du hast genug zu essen und
bist doch unzufrieden. Siehst du, das war ein armseliges Weihnachtsfest!"

Kaum hatte er ausgesprochen, da erhob sich der
Stuhl wieder in die Höhe, und weiter ging der Flug
durch die Nacht.
„Warum bin ich so unzufrieden?" dachte Herr Grim-
melshausen. „In solcher Not muß ich nicht leben!"
Bald schwebte der Stuhl wieder herab, bis vor das
Fenster eines prächtigen, hellerleuchteten Hauses. Es
war, trotz der kalten Nacht, weit geöffnet, und Herr
Grimmelshausen spürte die Wärme, die aus dem

Zimmer drang. Da flog der zweite Rabe auf seine Schulter. „Schau hinein!" befahl er.

Herr Grimmelshausen erblickte kostbare Möbel und dicke Teppiche. Silberne Kerzenleuchter standen auf einer weißgedeckten Tafel mit den köstlichsten Speisen, und eine große, herrlich geschmückte Tanne reckte ihren Wipfel bis zur Decke. Vier Menschen saßen an der Tafel, aber sie sprachen nicht miteinander. Ihre Gesichter waren traurig und verzweifelt. Nur ein kleines Kind, das auf dem Boden krabbelte und spielte, jauchzte und lachte.

Herr Grimmelshausen war bekümmert über die Trauer in den Gesichtern der Menschen. Warum waren sie so verzweifelt? Über so etwas hatte er noch nie nachgedacht.

Auf einmal flatterte der Rabe durch das offene Fenster in das Zimmer und hackte mit dem Schnabel nach dem Kind. Da erschrak es und begann zu weinen.

„Halt, das darfst du nicht tun!" schrie Herr Grimmelshausen. „Wie kannst du den traurigen Menschen ihre einzige Freude nehmen!"

„Warum sagst du das?" erwiderte der Rabe. „Du hast eine fröhliche Familie und bist trotzdem unzufrieden! Siehst du, das war ein trauriges Weihnachtsfest."

Wieder stieg der Lehnstuhl in die Höhe, und wieder flogen sie durch die Dunkelheit.

121

„Warum bin ich so unzufrieden?" dachte Herr Grimmelshausen. „In solcher Traurigkeit muß ich nicht leben."

Ein drittes Mal schwebte der Stuhl herab und hielt vor einem winzigen Dachfensterchen. Der dritte Rabe setzte sich auf Herrn Grimmelshausens Schulter. „Schau hinein!" befahl er.

Herr Grimmelshausen sah in eine kleine Kammer. Ein Stuhl, ein Tisch, ein Bett und ein Schrank waren darin. Ein winziges Lichtlein flackerte auf dem Tisch. Auf dem Stuhl saß ein alter Mann und verbarg das Gesicht in den Händen. Einmal hob er den Kopf und schaute sehnsüchtig hinaus in die Dunkelheit.

Da erkannte Herr Grimmelshausen entsetzt, daß der Mann genauso aussah wie er selbst. Wäre es nicht furchtbar, so einsam leben zu müssen? Darüber hatte er noch nie nachgedacht.

Plötzlich zwängte sich der Rabe durch den offenen Spalt des Fensterchens, flog zu der Kerze und löschte sie mit seinem Schnabel aus.

„Halt, halt, nein, das darfst du nicht tun!" schrie Herr Grimmelshausen verzweifelt. „Wie kannst du dem einsamen Mann seinen letzten Trost nehmen?"

„Warum sagst du das?" fragte der Rabe. „Du warst nie allein und bist trotzdem unzufrieden! Siehst du, das war ein einsames Weihnachtsfest."

Als der Stuhl diesmal wieder in die Lüfte stieg, stießen die drei Raben einen durchdringenden

Schrei aus und verschwanden. Herr Grimmelshausen zitterte, aber nicht mehr vor Kälte, sondern
vor Entsetzen über das, was er gesehen hatte. Der alte
Mann in dem Zimmerchen, das war er selbst! Mußte
er eines Tages in solcher Einsamkeit leben? Warum
war er bisher nur so unzufrieden gewesen? Wenn er
doch jetzt nur nach Hause dürfte!

Als ob er seinen sehnlichen Wunsch erhört hätte,
schwebte der Lehnstuhl nach langem Flug durch das
offene Fenster in Herrn Grimmelshausens Wohnung. Und da stand er nun, als ob nichts gewesen
wäre. Herr Grimmelshausen aber blieb noch einen
Moment sitzen.

„Armseligkeit, Traurigkeit und Einsamkeit sind
schlimme Weihnachtsgäste", sagte er leise zu sich.
„Bei mir haben sie nicht an die Tür geklopft. Warum
also soll ich unzufrieden sein?"

Dann sprang er auf und lief erleichtert und froh in
das Zimmer, in dem seine Frau und seine Kinder
schon auf ihn warteten.

In sein Herz waren Freude und Zufriedenheit einge-
kehrt: Es war Weihnachten!

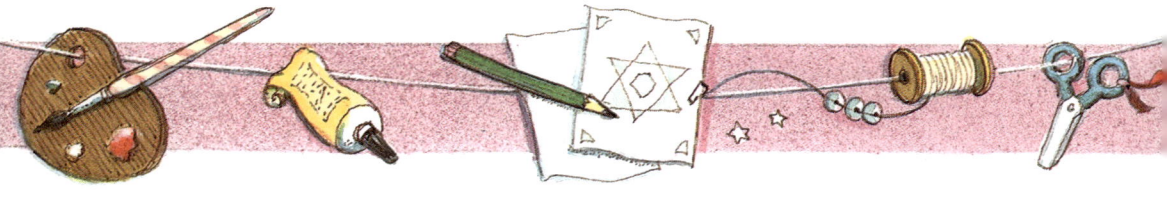

Duftende Orangenkugel

Mit einem Päckchen Gewürznelken könnt ihr aus einer Orange eine duftende Kugel machen, die eine weihnachtliche Atmosphäre ins Zimmer zaubert.

Das braucht ihr:
- 1 Orange
- 1 Päckchen Gewürznelken
- Geschenkband
- Stecknadeln
- evtl. eine Stricknadel

So wird's gemacht:
1. Die Orange polieren, damit sie schön glänzt. Nelke an Nelke in die Orange stecken – entweder gleichmäßig über die Orange verteilt oder als hübsches Muster.

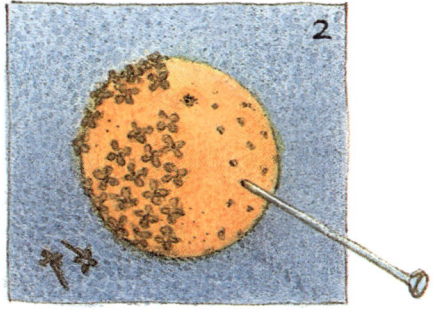

2. Wem es zu schwer fällt, die Nelken in die Orange zu stoßen, der bohrt mit einer Stricknadel vorsichtig ein Loch vor.

3. Das Geschenkband von oben nach unten um die bespickte Orange legen, die beiden Enden überkreuzen und mit Stecknadeln feststecken, damit das Band nicht verrutscht.

4. Die beiden Enden an den freien Seiten entlang wieder nach oben führen und dort verknoten. Das Band in der gewünschten Länge abschneiden und die Orange auf-hängen.

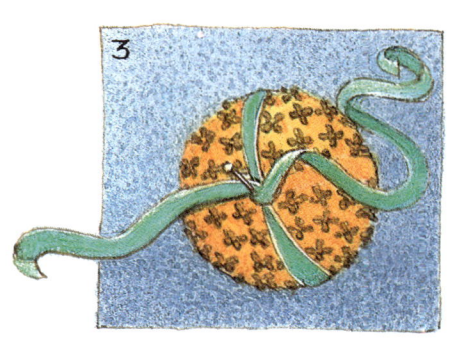

Ihr werdet euch wundern, wie schnell sich der Weih-nachtsduft im Zimmer ausbreitet, wenn ihr die bespickte Orange aufhängt.
Über so ein Geschenk würden sich natürlich auch andere freuen.

Spuren im Schnee: mit Fußstapfen malen

Habt ihr schon mal in den Schnee gemalt? Das macht besonderen Spaß, wenn ihr eure Füße dazu benutzt.

Sucht euch eine noch unberührte Schneefläche auf einer Wiese. Dann malt mit euren Fußstapfen Figuren in den Schnee: einen Kreis, einen Achter, eine Hand, eine Blume oder gar ein Haus oder ein Strichmännchen – was euch gerade einfällt.

Um keine unnötigen Abdrücke im Schnee zu hinterlassen, könnt ihr auch rückwärts in eure alten Fußstapfen treten – zum Beispiel, wenn ihr euch so etwas Schwieriges wie ein Haus vorgenommen habt. Dann müßt ihr auch springen, um von einem Fenster zum anderen zu kommen. Andernfalls sieht man eure Fußstapfen mitten im Bild.

Habt ihr euer Bild fertiggemalt, dann hüpft mit einem großen Satz von eurer Figur weg.

Dezemberwind macht die Nasen rot,
die es nicht schon sind.

Bauernweisheit

128

I wish you a merry Christmas

Text und Melodie aus England

Der Tanz des Räubers Horrificus

Karl Heinrich Waggerl

Gegen Abend nach der ersten Rast wollte Josef mit den Seinen wieder weiterziehen. Er nahm aber den Esel und ritt voraus hinter einen Hügel, um den Weg zu erkunden. „Es kann doch nicht mehr weit sein bis Ägypten", dachte er.

Indessen blieb die Muttergottes mit dem Kinde auf dem Schoß allein unter der Staude sitzen, und da geschah es, daß ein gewisser Horrificus des Weges kam, weithin bekannt als der furchtbarste Räuber in der ganzen Wüste. Das Gras legte sich flach vor ihm auf den Boden, die Palmen zitterten und warfen ihm gleich ihre Datteln in den Hut, und noch der stärkste Löwe zog den Schweif ein, wenn er die roten Hosen des Räubers von weitem sah. Sieben Dolche steckten in seinem Gürtel, jeder so scharf, daß er den Wind damit zerschneiden konnte, an seiner Linken baumelte ein Säbel, genannt der krumme Tod, und auf der Schulter trug er eine Keule, die war mit Skorpionsschwänzen gespickt.

„Ha!" schrie der Räuber und riß das Schwert aus der Scheide.

„Guten Abend", sagte die Mutter Maria. „Sei nicht so laut, er schläft!"

Dem Fürchterlichen verschlug es den Atem bei

dieser Anrede, er holte aus und köpfte eine Distel mit
dem krummen Tod. „Ich bin der Räuber Horrificus“,
lispelte er, „ich habe tausend Menschen umge-
bracht ...“

„Gott verzeihe dir!“ sagte Maria.

„Laß mich ausreden“, flüsterte der Räuber, „– und
kleine Kinder wie deines brate ich am Spieß!“

„Schlimm“, sagte Maria. „Aber noch schlimmer, daß
du lügst!“

Hiebei kicherte etwas im Gebüsch, und der Räuber
sprang in die Luft vor Entsetzen, noch nie hatte
jemand in seiner Nähe zu lachen gewagt. Es
kicherten aber nur die kleinen Engel, im ersten
Schreck waren sie alle davongestoben, und nun
saßen sie wieder in den Zweigen. „Fürchtet ihr mich
etwa nicht?“ fragte der Räuber kleinlaut.

„Ach, Bruder Horrificus“, sagte Maria, „was bist du
für ein lustiger Mann!“

Das drang dem Räuber lind ins Herz, denn, die
Wahrheit zu sagen, dieses Herz war weich wie Wachs.
Als er noch in den Windeln lag, kamen schon die
Leute gelaufen und entsetzten sich, „Wehe uns“,
sagten sie, „sieht er nicht wie ein Räuber aus?“ Später
kam niemand mehr, sondern jedermann lief davon
und warf alles hinter sich, und Horrificus lebte gar
nicht schlecht dabei, obwohl er kein Blut sehen und
kaum ein Huhn am Spieß braten konnte.

Darum tat es nun dem Fürchterlichen in der Seele

wohl, daß er endlich jemand gefunden hatte, der ihn nicht fürchtete.

„Ich möchte deinem Knaben etwas schenken", sagte der Räuber, „nur habe ich leider nichts als lauter gestohlenes Zeug in der Tasche. Aber wenn es dir gefällt, dann will ich vor ihm tanzen!" Und es tanzte der Räuber Horrificus vor dem Kinde, und kein lebendes Wesen hatte je dergleichen gesehen. Den krummen Tod hob er über sich gleich der silbernen Sichel des Mondes, die Beine schwang er unterhalb mit der Anmut einer Antilope und so geschwind, daß

man sie nicht mehr zählen konnte. Er schleuderte alle sieben Dolche in die Luft und sprang durch den zerschnittenen Wind, gleich einer Feuerzunge wirbelte er wieder herab. So gewaltig und kunstvoll tanzte der Räuber, so überaus prächtig war er anzusehen mit seinen Ohrringen und dem gestickten Gürtel und den Federn auf dem Hut, daß sogar die Jungfrau Maria ein wenig Glanz in die Augen bekam. Auch die Tiere der Wüste schlichen herbei, die königliche Uräusschlange und die Springmaus und der Schakal, alle stellten sich im Kreise auf und klopften mit ihren Schwänzen den Takt in den Sand. Schließlich sank der Räuber erschöpft zu Füßen Marias nieder, und da schlief er auch gleich ein. Josef war längst weitergezogen, als er endlich wieder aufwachte und benommen seines Weges ging. Alsbald merkte er auch, daß ihn niemand mehr fürchtete. „Er hat ja ein weiches Herz!" erzählte die Springmaus überall. „Vor dem Kinde hat er getanzt", zischte die Schlange.

Horrificus blieb in der Wüste, er legte seinen fürchterlichen Namen ab und wurde ein mächtiger Heiliger im Alter, es soll verschwiegen bleiben, wie er im Kalender heißt.

Wenn aber einer von euch etwas zu verbergen hätte und nur sein Herz wäre weich geblieben, so mag er getrost sein. Gott wird ihm dereinst verzeihen um des Kindes willen, wie dem großen Räuber Horrificus.

134

Die Heiligen Drei Könige

Die Heil'gen Drei Könige aus dem Morgenland,
Sie frugen in jedem Städtchen:
„Wo geht der Weg nach Bethlehem,
Ihr lieben Buben und Mädchen?"

Die Jungen und die Alten, sie wußten es nicht,
Die Könige zogen weiter;
Sie folgten einem goldenen Stern,
Der leuchtete lieblich und heiter.

Der Stern blieb stehen über Josephs Haus,
Da sind sie hineingegangen;
Das Öchslein brüllte, das Kindlein schrie,
Die Heil'gen Drei Könige sangen.

Heinrich Heine

Der Stern

Hätt einer auch fast mehr Verstand
Als wie die drei Weisen aus Morgenland
Und ließe sich dünken, er wär wohl nie
Dem Sternlein nachgereist wie sie;
Dennoch, wenn nun das Weihnachtsfest
Seine Lichtlein wonniglich scheinen läßt,
Fällt auch auf sein verständig Gesicht,
Er mag es merken oder nicht,
Ein freundlicher Strahl
Des Wundersterns von dazumal.

Wilhelm Busch

Das alte ist vergangen

Das al - te ist ver - gan - gen, das

neu - e an - ge - fan - gen. Glück auf, Glück

auf — zum neu - en Jahr.

Neujahrsruf aus Westfalen

Grifftabelle für Gitarre

Zeichenerklärung

Linke Hand:

1 = Zeigefinger
2 = Mittelfinger
3 = Ringfinger
4 = kleiner Finger
▬ = Barré–Griff

○ = diese Saite ohne Griff klingen lassen
x = diese Saite nicht mitzupfen
    oder -schlagen

Kleine Buchstaben neben der Akkord-
bezeichnung: vom Grundton
abweichender Baßton

Grifftabelle für C-Blockflöte

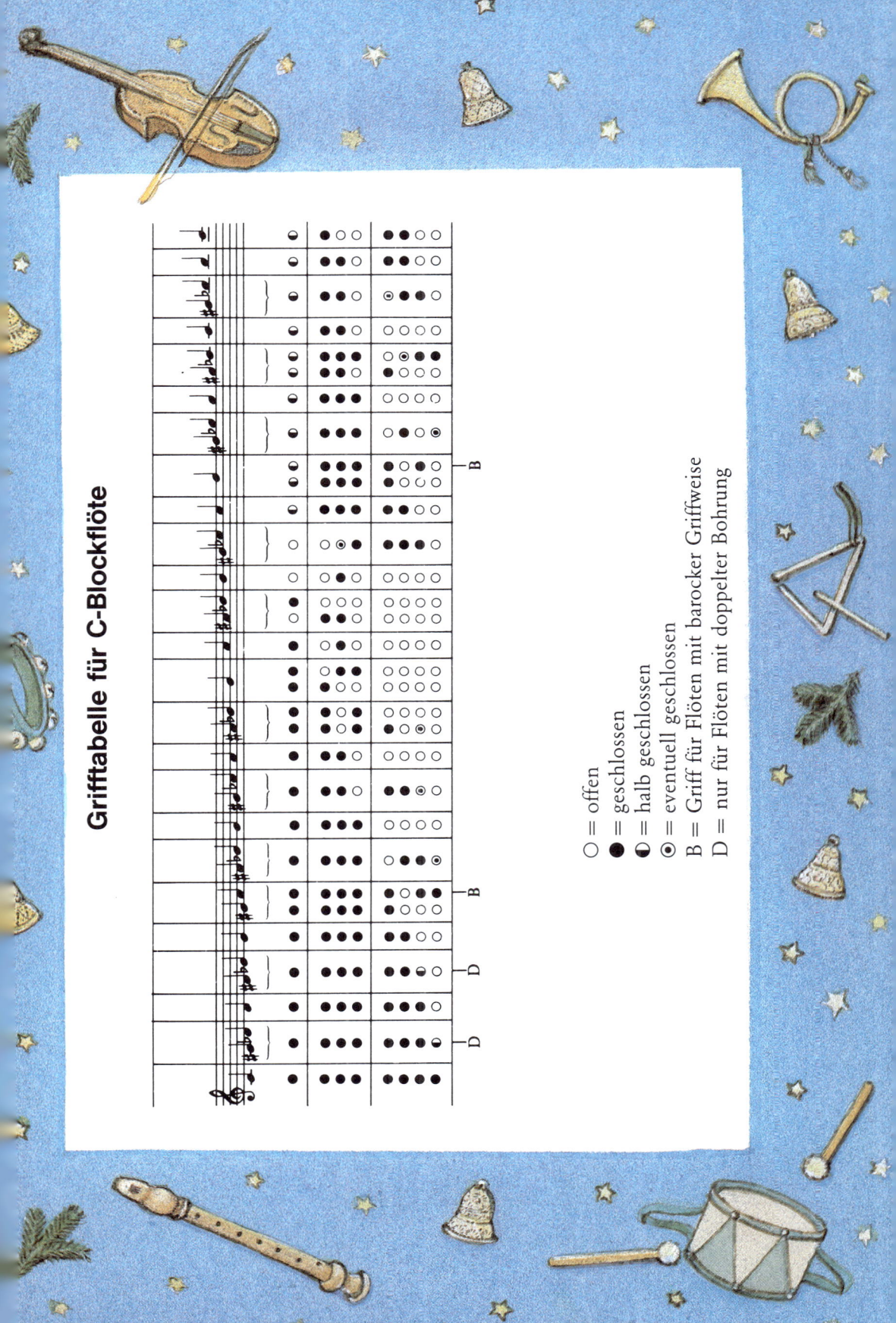

○ = offen
● = geschlossen
◑ = halb geschlossen
◉ = eventuell geschlossen

B = Griff für Flöten mit barocker Griffweise
D = nur für Flöten mit doppelter Bohrung

QUELLENHINWEISE

Wir danken den AutorInnen und Verlagen für die freundliche Genehmigung zum Abdruck folgender Beiträge:

Josef Guggenmos, *Wir gehen zur Krippe*

James Krüss, *Die Weihnachtsmaus,* aus: *Der wohltemperierte Leierkasten,* Bertelsmann Verlagsgruppe, München

Mira Lobe, *Ein Teddy reist nach Indien*

Rainer Maria Rilke, *Advent,* aus *Sämtliche Werke,* Insel Verlag, Frankfurt am Main, 1955

Ursel Scheffler, *Die Weihnachtsgrippe*

Alfons Schweiggert, *Barbarazweige; Die Geschichte vom beschenkten Nikolaus; Seltsamer Wunschzettel ans Christkind;*

Claudia Tischer, *Der Hase Robert auf dem Weihnachtsmarkt*

Erika Ulrici, *Krampus, Pampus, Schwarzgesicht*

Karl Heinrich Waggerl, *Der Tanz des Räubers Horrificus,* aus: *Und es begab sich …,* Otto Müller Verlag, Salzburg

sowie

Sabine Lohf für die Genehmigung zur Verwendung der Idee *Adventspuzzle.*

AUFLÖSUNG DER RÄTSEL:

S. 45: Eisblumen

S. 87:

S. 91: Schnee
      Nikolaus

S. 109: Schneemann

REGISTER